그람시가 들려주는

헤게모니 이야기

그람시가 들려주는
헤게모니 이야기

ⓒ 윤민재, 2006

초판 1쇄 발행일 2006년 2월 14일
초판 14쇄 발행일 2022년 1월 25일

지은이   윤민재
그림   김효영
펴낸이   정은영

펴낸곳   (주)자음과모음
출판등록   2001년 11월 28일 제2001-000259호
주소   10881 경기도 파주시 회동길 325-20
전화   편집부 (02)324-2347 경영지원부 (02)325-6047
팩스   편집부 (02)324-2348 경영지원부 (02)2648-1311
e-mail   jamoteen@jamobook.com

ISBN 978-89-544-1936-9 (64100)

그람시가 들려주는
헤게모니 이야기

윤민재 지음

㈜자음과모음

책머리에

 이탈리아의 정치가이자 이론가인 안토니오 그람시의 일대기는 20세기 급격하게 변화하였던 유럽의 역사와 이탈리아의 정치사, 그리고 좌파와 우파의 사상적 대립과 갈등을 잘 보여 주고 있다. 1891년 이탈리아에서 태어나 무솔리니의 파시즘에 의해 1926년 투옥되어 1937년 생을 마감할 때까지 짧은 생이었지만 그람시는 어느 누구보다도 열정적·헌신적으로 살았던 인물이다. 어릴 때부터 가난과 신체적 장애라는 이중적 고통을 처절하게 경험하면서 빈곤, 불평등, 부패, 부정 등의 문제에 눈을 뜨게 된다. 이러한 경험을 통해 자연스럽게 그람시는 마르크시즘에 관심을 갖게 된다. 20대에 대학을 졸업한 후 본격적으로 이탈리아 정치 세계에 뛰어들면서 역사와 사회를 보는 이론을 완성시켜 나간다. 1924년 국회의원이 되었지만 1926년 파시즘에 의해 체포된 후 20년형을 선고받는다. 이때부터 1935년까지 감옥에 있는 동안 3000장에 이르는 방대한 노트인 《옥중수고》를 완성한다. 20세기에 나온 많은 책들 가운데 특히 정치학, 사회학

분야에서 가장 폭넓게 읽힌 책이 바로 이 《옥중수고》이다. 이 책은 이탈리아의 역사와 현실 정치뿐만 아니라 국가, 시민사회, 헤게모니, 문화 등에 관한 다양한 이론들의 진수를 잘 보여 주고 있다. 그의 삶은 단순한 정치가로서의 삶이라기보다는 20세기 서구 현대사의 바다를 헤쳐 나온 인간의 삶이자 서구의 정치사회이론을 새롭게 쓴 삶이었다.

그람시가 한국에 본격적으로 소개된 것은 1980년대 중반 이후였다. 특히 1980년대 말 동구와 소련의 사회주의사회가 해체되는 상황에서 국가와 시민사회에 대한 새로운 시각과 이론이 요청되고 있었다. 헤게모니의 개념은 정치와 권력의 문제를 입체적으로 분석할 수 있는 유용한 시각을 던져 주고 있다. 동의와 강제의 이중적 결합의 개념인 헤게모니는 시민사회에 대한 관심을 강조하고 있다. 최근 우리 사회에서 시민사회만큼 주목을 받고 큰 영향력을 가진 공간은 없다. 시민사회에 대한 분석을 빼놓고서는 국가와 정치, 이데올로기의 문제를 제대로 설명할 수 없다. 그의 헤게모니 개념은 20세기 서구의 사회주의 붕괴의 원인에 대한 단서를 제공하고 있다. 또한 현대사회에서 시민사회가 가지고 있는 의미와 그 중요성을 깨닫게 해 주고 있다.

　그의 이론은 유연하면서도 날카롭다. 경직되지 않은 시각, 그러면서도 핵심을 꿰뚫는 분석력은 이탈리아의 현실 사회에 대한 끊임없는 고민 속에서 탄생된 것이다. 당시 이탈리아는 남부 지역과 북부 지역 간의 정치적 · 경제적 갈등과 차이가 큰 문제로 존재하였다. 이것을 그람시는 남부 문제로 정리한다. 그는 완전한 국가의 통일과 통합을 위해서는 지역 간의 갈등과 부조화를 극복해야 한다고 보고 있다. 과거 마키아벨리의 문제의식을 현재의 시각에서 재해석하고 있는 것이다. 또한 그람시는 대중들의 상식, 세계관, 가치관, 철학을 잘 담아낼 수 있는 방법이 필요하다고 강조한다. 대중들을 객체로 보는 것이 아니라 주체로 봄으로써 대중의 시각과 이해관계에 기초한 정치를 실현할 것을 요구하고 있다.

이때 그람시는 지식인의 역할을 강조한다. 그람시는 정치권력을 장악하기 위해서는 자신들의 이해관계를 대변할 수 있는 지식인을 만들어야 한다고 보았다. 이들은 단순한 지도자가 아니라 영원한 설득자로서 대중의 실제 생활에 참여하는 것을 중시한다. 또한 그람시는 정당의 역할을 강조한다. 그는 정당을 마키아벨리의 《군주론》에서 유추하여 설명한다. 정당은 새로운 국가를 건설하고자 하는 의지를 형성하는 현대의 군주라는 것이다. 현대의 군주 정당은 기존 지배계급이 아닌 새로운 사회를 염원하는 대중들의 열망을 대변한다. 지식인, 정당, 대중이 밀접하게 연결되었을 때 기존 지배계급에 대항할 수 있고 새로운 사회로 나갈 수 있는 길이 열리게 된다. 지식인, 정당, 대중은 현대사회에서 진지전을 통해 헤게모니를 장악하여 새로운 사회의 기초를 형성하게 된다. 그것이 바로 그람시가 염원한 사회이다.

오늘날 그람시를 다시 보는 이유는 몇 가지가 있다. 그의 개념과 이론들은 정치학, 사회학, 경제학, 국제정치 등에서 다양하게 이용되고 있다. 그의 분석은 우리 사회에서 시민사회가 가지는 중요성과 그 함의와 특징을 이해하는 데 중요한 열쇠를 제공하고 있다. 또한 헤게모니의 개념은 정치지도자와 정당이 대중들을 어떻게 설득할 것이며 대중 속에서 이념과 이데올로기를 어떻게 실현시킬 것인가에 대한 답을 던져 주고 있다.

이 책에서는 그람시의 사상과 이론을 동화의 형태를 통해 재미있게 보여 주고 있다. 이탈리아의 이론가를 우리 사회에서 되새겨 보는 일이 무의미할 것 같지만 그가 살았던 당시의 실정은 우리의 모습과 유사한 측면이 많이 있다. 또한 20세기의 현대사회의 질서가 출발하는 시점에서 나온 그의 고민은 20세기 현대사회에 대한 이해와 비판을 하는 데 큰 도움을 주고 있다.

끝으로 이 책을 출간하도록 도움을 주신 ㈜자음과모음의 강병철 사장님과 기획실의 이윤희 과장, 함소연 씨에게 감사의 뜻을 전한다.

차례

책머리에

사진 속 이야기

프롤로그

1 강 하나를 사이에 두고 | 017

2 진짜 멋진 우리들의 짱 | 063

3 지금은 울고 싶은 때 | 107

4 감옥에서 보낸 편지 | 151

5 세상에 단 하나뿐인 꽃 | 181

에필로그

부록 **통합형 논술 활용노트**

사진 속 이야기

게처럼 납작하게 붙은 지붕들, 집보다 높아 보이는 고철들, 쓰레기, 집 앞에 아무렇게나 벗어 놓은 신발들, 보기만 해도 눈이 찡그려지는 이동식 화장실, 여기저기 칠이 벗겨지고 바람이 불 때마다 삐거덕거리는 문…….

영화나 드라마 속에서 보는 세트 현장이 아니랍니다. 50년대나 60년대의 사진도 아니고요. 21세기를 살아가는 바로 지금, 여기의 모습입니다. 어디 구석진 시골이냐고요? 같은 하늘 밑, 서울의 한 곳이랍니다. 믿을 수 없다고요? 하지만 이게 사실인걸요. 제가 두 눈 크게 뜨고 본걸요. 네? 제가 누구냐고요? 음, 한번 맞혀 보실래요?

저는 들리기도 하고 느껴지기도 하지만 직접 보이진 않아요. 반드시 다른 것을 통해서만 절 볼 수 있지요. 투명 인간이냐고요? 반은 맞혔네요. 투명하긴 하지만 인간은 아니거든요. 좀 더 힌트를 드릴까요? 나뭇잎이 흔들리면 거기에 제가 있어요. 여러분의 옷깃이 갑자기 날리거나 머리카락이 살랑거릴 때도 전 거기에 있지요. 아무도 없는데 깃발이 움직이면 제가 장난치고 있는 거고요. 아, 알았다고요? 딩동댕, 바람. 맞아요, 그게 제 이름이에요. 어디든 가고 무엇이든 보죠.

오늘은 여러분께 특별한 이야기를 하나 해 드리려고 해요. 아주 슬프지만 웃음이 나면서도 가슴이 따뜻해지는 이야기지요. 그 이야기와

저 동네가 무슨 상관이냐고요? 너무 우울하기만 하다고요? 하지만 딴 나라나 다른 별 이야기가 아니라 바로 우리 이웃의 이야기랍니다. 아, 저기 강가에 한 소년이 서 있군요. 제 이야기의 주인공이에요. 주인공 이름이 뭐냐고요? 진짜 멋진 이름을 갖고 있답니다. 그럼 한번 들어 보실래요?

프롤로그

강을 건너온 바람이 붑니다.

습기를 가득 머금은 바람은 천 개의 손가락을 가진 것처럼 쉴 새 없이 소년의 뺨을 때립니다. 강물 소리를 듣기 위해 나란히 열려 있는 두 귀를 꽁꽁 얼릴 정도로 인정사정없이 휘몰아칩니다.

으아아악!

소년은 힘껏 소리칩니다. 가슴 밑바닥에서부터 뚫고 나오는 소리입니다. 그러나 소년의 가슴속에서만 소용돌이칠 뿐 입 밖으로 터져 나오진 않습니다. 소년은 크게 소리칠 용기가 없습니다. 여윈 팔다리만큼이나 가슴이 여립니다.

같은 땅에서 부는 바람이런만 강 아래쪽 언덕 위에서 맞는 바람은 유난히 거칠고, 차고, 무섭습니다. 얼음 나라에서 불어오는 것처럼 바람 갈피갈피마다 얼음 채찍이 숨어 있다가 숨을 쉴 틈도 주지 않고 후려칩니다.

소년은 어깨를 잔뜩 움츠린 채 강 앞에 서 있습니다. 얇은 솜옷을 하나 걸치고 있을 뿐이어서 몸에 잔뜩 힘이 들어가 있습니다. 볼이 빨갛게 터져 있습니다. 꼼짝도 않고 강 너머를 바라봅니다. 아니, 바라보는 게 아니라 쏘아보고 있는 듯합니다. 맞바람을 맞으며 주먹을 쥔 채 눈에 잔뜩 힘을 주고 있습니다.

저녁 빛이 조금씩 사라지고 있습니다. 곧 주위는 계단을 내려가듯 조금씩 어두워지겠죠. 소년이 서 있는 강 이쪽은 여전히 어둡지만 강 너머는 언제부터인지 환하게 불이 밝혀 있습니다.

불은 환하고, 밝고, 높습니다. 몇 층인지 알 수도 없을 정도로 까마득하게 불 밝힌 창문들이 모여 거대한 성을 이루고 있습니다. 성은 하나가 아닙니다. 하나 옆에 또 하나, 그 옆에 또 하나, 그 옆에 또…….

저렇게 많은 집들, 그 많은 집들 속에 집보다 많은 방들. 거기에는 누가 살까. 소년은 궁금해집니다. 강 너머에는 집이 저렇게 많은데, 우리 가족이 살 집은 왜 하나도 없는지 궁금합니다. 강 너머에는 불빛이 저렇게 많은데, 우리 가족이 모일 불빛은 왜 하나도 없는 건지 그저 궁금하기만 합니다.

강 하나를 사이에 두고

실재하는 개인들을 이해할 수 없다면, 보편적이며 일반적인 것들도 이해할 수 없다.

– 그람시 –

강 아래 동네에 사는 해루. 해루가 세상에서 가장 좋아하는 형 미루에게는 늘 챙겨다니는 두꺼운 책이 한 권 있다. 도대체 얼마나 재미있기에 형은 만날 저 책을 보는거야? 궁금해진 해루는 형 몰래 책을 열어 보는데……. 뭐? 헤게……모니……? 아니 도통 알아들을 수 없는 말들뿐이잖아. 형, 이게 무슨 말이야.

① 강 아래 소년

소년의 이름은 해루입니다. 5학년인 해루는 전학을 4번이나 했습니다. 그동안 이사는 몇 번이나 했는지 벌써 잊어버렸습니다. 처음 살았던 동네가 어딘지는 기억도 나지 않습니다. 잊어버려서가 아니라 살았던 동네가 모두 너무 비슷비슷해서 헷갈리는 것인지도 모르겠네요.

오르고 올라도 끝이 보이지 않던 계단.

계단 옆으로 다닥다닥 붙어 있던 지붕이 낮은 판잣집들.

아침마다 줄이 길게 늘어서 있던 공중 화장실.

너무 깊숙이 들어가면 길을 잃어버리기 십상인, 동네에서 가장 오래 산 할아버지도 언제 생겼는지 알 수 없다던 구불구불한 골목.

죽을 때까지 따라다닐 것만 같은, 무어라 말할 수 없는, 단지 더럽다고밖에, 아니 더러운 것 이상의 무언가가 섞여 있는, 오래되고 찌든 냄새.

그런 동네에서만 살았거든요. 그래서일까요? 12살 해루는 5학년이 되면서 이사 온 이 동네가 마음에 듭니다. 사는 집이 좋아진 것도 아니고, 친구들이 마음에 들어서도 아닙니다. 단지 이 동네가 언덕을 올라가지 않아도 되는 평지였기 때문이지요. 게다가 아주 가까이 있는 것은 아니지만 걸어서 갈 수 있는 거리에 강이 있습니다.

강은 넓지 않았지만 깨끗하고, 냄새도 나지 않습니다. 어른들은 모두 좋은 옷을 입고 조깅을 하거나 자전거를 탑니다. 아이들은 보호 모자를 쓰고 인라인스케이트를 배웁니다. 그러나 이들은 모두 강 너머 사람들입니다. 멀리서 바라보기만 할 뿐인데도 그들에게선 한 번도 맡아 보지 못한 좋은 냄새가 나는 것 같습니다.

해루가 사는 강 아래 동네에서는 아무도 강가에 나와 조깅을 하

지 않습니다. 저녁이면 아이들은 부모가 돌아오는 시간까지 동네 골목에서 뛰어놀고, 밤이면 모두 멍한 얼굴로 텔레비전을 보다 쓰러져 잠이 듭니다. 학원에 안 가도 되냐고요? 학원에 다닐 돈이 없거든요. 다들 어찌나 곤한 얼굴로 자는지 저조차도 조심조심 다닌답니다. 아이들이 잔다는 걸 깜박 잊어버리고 장난꾸러기 겨울바람 친구들과 지붕 위를 마구 뛰어다닐 때도 아주 가끔 있기는 하지만요.

아, 해루가 강가를 떠나는군요. 따라가 볼까요? 주머니에 손을 찌른 채 천천히 걷고 있습니다. 집으로 돌아가는 길이지만 해루의 발걸음은 좀처럼 빨라지지 않네요. 어차피 이 시간에는 집에 아무도 없거든요. 밤 10시는 넘어야 형이 오고, 엄마는 새벽 2시쯤 돌아옵니다.

형은 버스로 한 시간 정도 걸리는 도시 외곽에 있는 공장에서 일을 합니다. 2년 전까지만 해도 아빠와 함께 일했지만 지금은 형 혼자만 다닙니다. 해루의 어깨가 갑자기 축 처집니다. 아빠 생각을 하나 봅니다. 지금은 사정이 있어서 아빠랑 같이 못 살고 있습니다. 형은 해루가 세상에서 가장 좋아하는 사람입니다. 이름은 미루고요, 스물두 살입니다. 해루랑 10살이나 차이가 나지만 씨

름도 하고 재미있는 얘기도 해 줍니다. 그런데 요즘에는 밤늦게 들어와서 졸린 눈으로 매일 같은 책을 펼치지만 30분도 채 못 되어 잠이 들어 버립니다. 그러곤 새벽에 밥도 먹는 둥 마는 둥 하고 서둘러 나갑니다.

미루는 잘 때도 그 두꺼운 책을 꼭 끌어안고 잡니다. 아침밥은 걸러도 책은 꼭 챙깁니다. 그런데 지난주 금요일이었나, 미루는 너무 급하게 나가느라 책을 그만 집에 두고 나갔지 뭐예요. 그래서 그날 밤 해루는 그 책을 몰래 들여다보았습니다. 도대체 얼마나 재미있는 이야기가 쓰여 있기에 그렇게 애지중지하는지 궁금했던 것입니다. 해루가 미루의 책을 들여다볼 때 저도 창문에 꼭 붙어서 같이 봤지요. 저도 해루처럼 궁금했거든요. 제가 재미있는 걸 얼마나 좋아하는데요.

옥중수고? 그람시? 이게 뭐야? 무슨 도시 이름인가? 해루가 중얼거리는 소리가 들렸습니다. 저는 더 궁금해져서 살짝 방 안으로 들어갔지요. 해루의 어깨 위에 가만히 앉아서 책을 들여다보았답니다. 해루는 저를 느꼈는지 이불을 끌어다 덮더군요. 해루야, 미안! 겨울이라서 내 몸이 차가웠던 거야.

책 표지에는 사진이 있었습니다. 폭탄을 맞은 듯 위로 치솟은 머리에 큰 눈과 굳게 다문 입술. 음, 누굴 닮았는데. 저도 해루를 따라 고개를 끄덕끄덕했답니다. 생각이 날 듯하면서도 안 나는 게 너무 답답해서 머릿속이 간질간질해질 무렵, 해루와 저는 동시에 웃음을 터뜨리고 말았어요. 사진 속 인물은 영락없이 해루의 형, 미루였거든요. 진짜 비슷하네. 해루는 뭐가 그리 우스운지 연신 킥킥대며 책장을 넘기기 시작했습니다. 저도 점점 호기심이 생겼어요.

"이 사람이 이 책을 쓴 사람인가 본데. 어, 감옥에 갔다고? 그럼 범죄자 아냐? 감옥에 가서 자기가 잘못한 걸 반성하느라 이렇게 두꺼운 책을 쓴 거 아냐? 체, 형은 뭐 하러 이런 걸 읽는담."

해루는 책을 닫아 버렸어요. 금방 표정이 시무룩해졌지요. 그래서 저는 위로를 해 주려고 해루의 머리를 쓰다듬어 주었답니다. 그런데 해루는 좀 추웠나 봐요. 몸을 한 번 부르르 떨더니 이리저리 집 안을 둘러보기 시작했습니다. 그러더니 벌떡 일어나 제가 들어온 창문을 꽉 닫아 버리는 것이었어요. 헉, 난 어떡하라고? 우우우, 못 나가잖아!

하긴 해루네 집은 여기저기 틈이 많아서 마음만 먹으면 어디로든 나갈 수는 있었지요. 한 군데 오래 못 있는 제 성격에 좀 답답

하기는 했지만 기운 없는 해루를 위해 식구들이 올 때까지만 같이 있어 주기로 마음먹었답니다. 제가 얼마나 착한데요.

할 일이 없었던 해루는 가만히 이불 속에 앉아 있더니 슬그머니 책을 보았습니다. 두 손을 턱에 괴고 물끄러미 바라보기만 했지요. 해루가 오래 그러고 있으니 전 좀 심심해져서 창문에 몸을 부딪치기도 하고 해루의 목덜미를 간질이기도 하고 미루의 책에 앉아 있기도 했지요. 해루는 저를 볼 수가 없으니 제가 해루 뒤에서 물구나무를 서도 벽에 딱 달라붙어서 메롱 해도 모르거든요. 가끔 이상하다는 듯 뒤를 돌아보거나 방 안을 살피기는 했지만 말이에요. 여러분도 혼자 있을 때, 외로울 때, 갑자기 목이 간지럽거나 누가 옆에 있는 것 같으면, 제가 친구가 되러 온 줄 아세요. 알았지요?

"이게 뭐야? 하나도 모르겠네."

갑자기 해루가 소리를 빽 지르는 바람에 천장에 붙어 있던 저는 방바닥에 뚝 떨어졌답니다. 좀 놀라기는 했지만 엉금엉금 기어서 해루 옆으로 갔지요. 해루는 다시 책을 펼쳐서 읽고 있었어요.

"시민사회? 헤게모니? 포드주의?"

해루가 읽는 소리를 듣고 저도 모르게 고개가 갸웃했어요. 사진

속의 인물은 그냥 단순한 범죄자는 아닌 것 같았어요. 이렇게 어려운 책을 미루가 읽고 있었다니! 저는 미루가 대단하다고 생각했어요. 해루도 저랑 같은 생각이었는지 감동받은 얼굴을 하고 있었답니다. 저는 해루의 얼굴 표정을 따라 흉내 내었지요. 음, 감동이야, 감동.

그때였습니다. 문이 열리는 소리가 들리더니 미루가 들어왔어요.

"형!"

해루는 너무 반가운 나머지 책을 제자리에 두는 것도 잊고 뛰쳐나갔어요. 당연히 저도 같이 뛰쳐나가서 미루를 꼭 안아 주었지요. 미루도 아까 해루처럼 몸을 부르르 떨더니 문을 꽉 닫아 버리더군요. 헉, 또 갇혔잖아! 그래도 착한 저는 엄마가 올 때까지만 더 있기로 했답니다. 미루가 보는 책이 무언지 해루가 물어봐 주기를 간절히 바라면서요, 제가 얼마나 궁금쟁이인데요.

"아직 안 잤어?"

"응, 책 보고 있었어."

"와, 우리 해루 대단한데? 지금까지 책을 읽었어? 뭐 읽었는데?"

"저기 형, 화 안 낼 거지?"

"뭐야, 이상한 거라도 읽은 거야?"

"아니. 그게 아니고 형 책 읽었어."

"내 책? 그람시? 그걸 네가 읽었어?"

"형이 너무 열심히 읽으니까 재미있는 건 줄 알았지. 근데 무슨 소린지 하나도 모르겠던걸."

미루는 잠시 아무 말 없이 해루의 머리를 쓰다듬어 주었습니다.

"그 책은 행복한 사람을 위해 노력한 사람의 이야기야."

해루는 잠시 이해가 안 된다는 표정으로 책을 가리켰습니다.

"그런데 그런 좋은 일을 한 사람이 왜 감옥에 갔어? 감옥은 범죄자나 가는 곳이잖아."

"그렇지. 감옥은 죄를 지은 사람이 가는 곳이지. 그런데 해루야, 세상엔 이해하지 못할 일이 많단다. 너도 조금만 더 크면 알게 될 거야."

"형, 행복한 세상은 어떤 세상이야? 저기 강 너머 같은 곳이야?"

"어? 하하, 아니. 모두가 평등한 세상. 아무도 억압받지 않는 세상이지. 해루는 강 너머가 행복해 보이고 좋아 보여?"

"응. 거기 사람들은 모두 행복하게 웃는걸. 좋은 냄새도 나고. 나랑은 너무 다른 것 같아. 여기는 사람들이 별로 웃지도 않고, 또 우리는 아빠랑 같이……."

금방이라도 해루는 눈물이 날 것 같은 얼굴이었어요. 한동안 아무 말 없이 두 형제는 방에 가만히 앉아 있었어요. 저도 왠지 슬퍼져서 미루랑 해루 앞에 앉아 있었지요. 제 엉덩이에 그람시의 얼굴이 깔려 있었지만 움직이면 안 될 것 같아 그대로 앉아 있었답니다. 그람시, 미안! 안타까운 듯 해루를 바라보던 미루가 뭔가 결심을 한 것 같았습니다.

 "해루야, 형한테 이 책의 내용을 좀 배워 보지 않을래? 처음엔 어렵겠지만, 왜 우리가 강 너머 사람들이랑 다르게 사는지 조금은 이해할 수 있을 거야."

 "하지만 형, 난 공부가 싫은데. 알면서."

 "하하하, 나도 공부는 싫었는걸. 하지만 무언가 배운다는 건 즐거운 일이야. 공부라고 생각하지 말고 모르는 걸 배운다고 생각해 봐. 너도 예전에 처음 게임하는 걸 배웠을 땐 재미있었잖아."

 "응. 게임은 지금도 좋은걸."

 "해루가 배우는 걸 좋아해서 다행이야."

 미루는 해루를 잘 알고 있는 게 틀림없어요. 해루의 표정이 금방 밝아졌거든요. 그래서 저도 안도의 한숨을 쉬고 그람시의 얼굴에서 엉덩이를 뗄 수 있었죠.

"그럼 말 나온 김에 오늘부터 당장 해 볼까?"

미루는 마치 오랫동안 수업을 준비해 온 사람처럼, 이야기보따리를 풀기 시작했답니다. 그래서 그날 밤엔 저도 같이 미루의 수업을 들었지요. 무언가를 배운다는 거, 참 좋고도 재미있는 일이잖아요. 제가 얼마나 배우는 걸 좋아하는데요.

② 남부 문제

"우선 남부 문제부터 배워 볼까? 그람시의 남부 문제는 아주 중요한 이야기거든. 그리고 우리가 사는 곳과도 연관 있고. 해루 너도 강 너머는 여기랑 너무 다른 곳이라고 생각하지?"

해루는 고개를 끄덕였습니다. 저도 따라 했지요. 정말 많이 다르다고 생각했거든요.

"남부 문제도 비슷해. 그람시는 지금부터 80~90년 전에 이탈리아에서 살았던 사람이란다. 해루는 이탈리아 하면 뭐가 생각나?"

"축구! 아주리 군단!"

"맞아. 이탈리아 사람의 축구 사랑은 유명하지. 클럽도 많고. 워낙 다혈질인 사람들이라 싸우기도 많이 싸우지. 그리고 또?"

"피자!"

"해루가 좋아하는 거지? 이 책 다 배우면 형이 책거리 기념으로 한판 쏜다."

"우아, 진짜지? 빨리빨리 배우자, 형."

"녀석 급하기는. 혹시 이탈리아가 어떻게 생겼는지 알아?"

"응, 학교에서 배웠어. 장화처럼 길게 남북으로 뻗은 나라잖아."

"맞아. 위 아래로 길게 뻗어 있는 이탈리아는 북쪽과 남쪽이 차이가 많았단다. 지금 우리가 강 하나를 사이에 두고 차이가 많이 나는 것처럼. 그래서 여러 가지 문제가 생겼지."

"왜? 단지 남쪽과 북쪽일 뿐이잖아. 다 같은 사람인데."

"그러게. 그럼 먼저 남부 문제부터 얘기하도록 할까? 이탈리아의 남부 지역은 전통적인 농촌이었어. 농업이 중심이고, 가족의 질서가 중시되며, 가난한 농민들이 대부분이었지. 반면 북부 지역은 19세기 말부터 산업 시설이 들어서기 시작했지. 기업가, 노동자, 사무직, 공무원 등 다양한 사람들이 살았단다. 그래서 경제적으로도 발전했고 교육, 문화 등 여러 면에서 남부에 비해 다양한 혜택을 많이 받았지."

"그럼 남부 사람들이 많이 부러워했겠네? 내가 지금 강 너머 사람들을 부러워……."

해루는 말을 하다 말았습니다. 미루는 그런 해루를 또 가만히 바라보기만 했고요. 어린 것이 얼마나 마음속에 상처가 많았으면 저럴까 싶어 제 마음도 짠했답니다.

"부러워하는 게 아니고, 형, 형이 있으니까 그런 게 부럽다는 게 아니라 그러니까……."

해루는 손짓 발짓까지 섞으며 열심히 변명 아닌 변명을 늘어놓기 시작했어요. 저도 해루의 등에 올라타서 응원을 했지요. 제가 어찌나 열심히 응원을 했는지 해루는 몸을 부르르 떨기까지 하더군요. 결국 미루도 웃음을 터뜨리고 말았답니다.

"알았어. 이불이나 잘 덮어."

"그래서 어떻게 됐는데?"

"문화와 전통이 많이 달랐던 이탈리아의 남부와 북부는 결국 지역 갈등으로 나타났지. 그런데 한번 생각해 봐. 한 나라 안에서 서로 사이좋게 지내는 거랑 싸우는 거랑 어느 것이 더 나라 발전에

도움이 될까?"

"그야 당연히 사이좋게 지내는 거지. 우리 반 애들도 매일 싸워도 체육 대회나 합창 대회 땐 하나가 되어 상도 타고 그러는걸."

"역시 그렇지? 그런데 그람시가 살았던 때의 이탈리아는 그러지 못했거든. 남과 북이 너무 심각할 정로로 갈등이 심했으니까. 이걸 그람시는 남부 문제라고 한 거야."

"아하, 부자인 북쪽과 가난한 남부가 서로 사이가 안 좋은 걸 남부 문제라고 한 거구나."

"딩동댕! 우리 해루가 한 마디로 잘 설명했네. 해루가 빨리 배우니까 피자 금방 먹겠네."

해루가 갑자기 눈을 빛냈어요. 마치 눈앞에 피자가 둥실 떠오르기라도 한 것처럼. 아마 얼마 전에 먹었던 피자 생각을 한 게 틀림없어요. 지난달에 해루 학교에서 학생회장 후보로 나온 강하가 아이들에게 피자로 한 턱 쏘았는데, 해루는 그렇게 큰 피자는 태어나서 처음 보았거든요. 저야 뭐 여러 번 본 적이 있는지라 그저 그랬지만요.

강하는 강 너머에 사는 부잣집 아이예요. 저랑은 별로 친하지는 않아요. 도대체가 그 집은 마음대로 들어갈 수도 없고, 머리부터 발끝까지 하도 꽁꽁 싸매고 다녀서, 제가 장난 칠 마음도 안 생기거든요. 아, 그리고 보니 해루 친구 호수도 학생회장에 후보로 나왔답니다. 호수는 해루의 가장 친한 친구예요. 반은 다르지만 집도 가깝고, 해루가 이사 왔을 때 제일 먼저 말도 걸어 주었고, 학교도 같이 다닌답니다.

"이탈리아는 뭔가 우리나라랑 비슷한 것 같아."

"응. 기후도 사람들의 성격도 음식에 양념이 강하게 들어가는 것도 그렇지."

"멀리 있는 나라인데 형한테 얘기를 듣다 보니 가까운 이웃 나라 같네."

"알면 친해지고, 친해지면 더 잘 알게 되는 법이니까."

"그렇구나."

"이탈리아는 원래 하나의 나라는 아니었단다. 여러 국가로 나뉘어져 있었는데 그 중에서 가장 힘이 센 나라가 북부에 있던 피에몬테 왕국이었지. 그런데 이 피에몬테 왕국이 이탈리아를 빠르게 통일하면서 남부 사람들이나 상황은 전혀 생각하지 않고 북부식대로 해 버린 거야."

"그래서 문제가 생긴 거구나."

"응. 급하게 먹은 밥이 체하기도 쉽다고 하잖아. 천천히 시간을 들여서 해야 할 일을 서둘러 하다 보니 통일 후에도 남부 문제는 해결되지 않았어. 이탈리아가 전체적으로 발전하기 위해서는 남부 문제를 꼭 해결해야 했지. 그래서 그람시도 남부 문제에 관심을 가지게 된 거고."

"그럼 그람시는 어디 사람이었어?"

"해루 생각에는 어디 사람이었을 거 같아? 남부일까, 북부일까?"

"음, 남부였을 것 같아. 가난하면 왜 그렇게 사는지 생각을 많이 하게 되잖아."

"그래. 우리처럼 말이지."

미루랑 해루는 또 잠시 말이 없었습니다. 저는 아까처럼 그람시를 엉덩이로 깔고 앉아 있지 않아서 정말 다행이라고 생각했지요. 움직이지 않고 가만히 있어야 하는 건 정말 힘들거든요. 미루의 얘기는 재미있었지만 이젠 저도 그만 나가서 친구들과 뛰어다니고 싶다고요. 미루야, 어서 다음 얘기를 해! 저는 미루의 코를 잡아당겼습니다. 미루가 재채기를 한 번 하더군요. 헤헤헤.

"그람시는 남부에서 태어났지만 본격적으로 활동을 한 건 북부에서였단다. 그는 남부와 북부의 통일과 화해를 중요한 숙제라고 생각했어. 20세기에 최초로, 이탈리아의 국가와 민족문제를 해결하기 위하여 남부와 북부의 통합과 협동의 중요성을 말한 사람이 바로 그람시였거든. 모두가 행복한 세상을 만들기 위하여 노력한 거지."

"우아, 대단한 사람이었구나. 그럼 그람시는 문제를 해결했어? 그래서 행복해졌어? 우리도 노력하면 될까? 모두가 행복한 세상이 진짜 있는 거야?"

"하하하, 하나씩 질문해. 정신이 하나도 없네. 결론을 말하자면, 당연히 예스! 함께 노력하면 모두 행복하게 살 수 있어."

"강 아래에 사는 우리도?"

"당연하지. 사람은 누구나 행복하게 살기 위해 태어난 거니까."

"나도?"

"그래. 해루도 엄마도 아빠도 나도. 그리고 우리가 아는 모든 사람들도."

"굉장한걸. 내일 호수한테 꼭 얘기해 줘야지."

그리고 해루와 미루는 사이좋게 나란히 누워서 잠이 들었답니다. 저도 그만 깜박 잠이 들었지 뭐예요. 엄마가 문을 여는 소리를 듣고서야 깨었거든요. 해루는 자면서도 빙그레 웃고 있는 것 같았습니다. 행복해 보였어요. 떠나기 전에 저는 잠든 해루의 귓가에 가만히 속삭여 주었답니다.

　해루야, 넌, 언젠가, 틀림없이, 꼭 행복해질 거야. 사람은 누구나 행복하게 살기 위해 태어난 거니까.

③ 아빠 팔은 외팔이,
엄마 다리는 코끼리

해루의 엄마는 강 너머 큰 마트에서 일을 합니다. 하루 종일 서서 물건을 바코드로 찍고 계산하는 일을 하지요. 오후부터 일하는 날도 있고 아침부터 일하는 날도 있습니다. 잠잘 때는 다리가 아픈지 끙끙 앓으면서도 해루가 걱정하면 괜찮다고만 합니다. 해루와 미루는 밤새 엄마의 앓는 소리를 들을 때도 있었어요. 보다 못한 미루가 파스를 사 왔는데 그것보다 더 싼 게 있다고 바꿔 오라고 해서 미루가 그만 화를 내기도 했지요. 엄마는 마지못해 파스를 붙이며 하룻밤만 자면 낫는데 돈 아깝게, 일하면 아픈 것도 잊는데, 하고 몇 번이고 중얼거렸답니다.

언젠가 해루는 엄마의 다리를 보고 깜짝 놀란 적이 있습니다. 저도 깜짝 놀랐어요. 퉁퉁 부은 다리에 파란 줄이 죽죽 그어져 있었거든요. 누군가 하얀 종이에 파란 색연필로 박박 그어 놓은 것처럼. 오래 서 있어서 정맥이 부풀었기 때문이라고 엄마는 아무렇지도 않게 말했어요.

"코끼리 다리 같아."

해루는 아직도 놀란 얼굴로 엄마의 다리를 보다가 그만 눈물이 글썽글썽해졌답니다. 그걸 엄마에게 보이기 싫었는지 해루는 후닥닥 밖으로 나왔어요.

"이상해, 엄마 다리가 코끼리 다리인데 왜 눈물이 나지?"

해루는 집 뒤 담벼락에 등을 대고 쭈그리고 앉아 한참을 울었답니다. 저도 같이 옆에 있어 주었지요. 해루는 참 작고 마음이 여린 아이거든요. 작은 일에도 금방 마음이 약해지고 자기 일처럼 가슴 아파하는 아이지요. 제가 그런 해루를 어떻게 좋아하지 않을 수 있겠어요?

해루의 아빠는 지금 병원에 계십니다. 겨울이면 팔이 쿡쿡 쑤셔

서 견딜 수 없이 아프대요. 해루는 아빠를 생각할 때마다 커다란 바윗덩어리가 가슴속에 들어앉은 것 같은 기분이 든대요. 해루의 아빠는 2년 전에 일하던 공장에서 오른쪽 손목이 잘렸습니다. 수술을 하고 퇴원을 했는데 뭐가 잘못됐는지 자꾸 썩어 들어가서 결국에는 오른팔을 다 잘라 내야 했답니다.

 그런데도 회사 사장이 수술비만 내고는 쫓아 내다시피 해서 해루의 가족은 이 곳으로 이사를 와야 했지요. 아빠가 매일매일 회사 정문 앞에서 내 팔 돌려 달라고 시위를 하니까 사장이 당장 다른 곳으로 이사를 가지 않으면 미루마저도 쫓아내겠다고 했거든요. 다른 곳에서 일하면 되지 않냐고요? 고등학교만 나온 미루가 일할 수 있는 곳이 그리 흔하진 않거든요. 그래도 언제 쫓겨날지 모르니까 시키는 대로 잔업도 하고 일찍 나가서 청소도 한다고 미루가 엄마에게 하는 소리를 들었어요.

 미루를 따라 공장에 가 본 적이 있어요. 모든 공장이 다 그렇진 않겠지만, 미루가 일하는 공장은 정말 웃기더군요. 사장은 큰 소리로 화를 내고 이렇게 적자만 나서야 공장 문을 닫을 수밖에 없겠다는 둥 하더니 본인은 골프나 치러 다니고요, 밤엔 비싼 술집에서 돈을 펑펑 써 대고요. 너무 미워서 그 사장이 골프 칠 때 전

근처에 있던 친구들을 죄다 불러 공을 아무 데나 막 보내 버렸답니다. 점수가 하도 안 나오니까 사장 얼굴이 찌그러지는데 혼자 보기 아까울 정도였다니까요. 그걸 해루한테 보여 주었더라면……. 해루! 그러고 보니 저 혼자 신나서 떠드느라고 해루를 놓쳐 버렸네요. 분명히 아까 집으로 가고 있었는데. 아, 저기 보이네요. 해루야, 같이 가.

해루는 집 앞에 서 있습니다. 문을 바라보기만 합니다. 집은 캄캄합니다. 아직 아무도 돌아오지 않았나 봐요. 해루는 들어가지도 않고 우두커니 서 있습니다. 어두워서 얼굴이 잘 안 보이지만요, 분명히 쓸쓸한 표정일 거예요. 해루가 무언가를 가만히 바라보고 있을 땐 마음이 아프다는 뜻이거든요.

해루가 계속 우울한 건 바로 오늘이 해루의 생일이기 때문입니다. 하지만 해루는 생일 파티라는 걸 해 본 적이 한 번도 없습니다. 해루야, 기운 내라. 내가 있잖아. 전 해루의 어깨를 토닥여 주었습니다. 머리카락도 장난 삼아 헝클어 보았죠. 힘내라고 귀에다 대고 파이팅도 해 주었습니다. 미루가 하던 것처럼 목을 잡고 조르기 한판! 해루가 몸을 부르르 떨더니 집에 들어가네요. 어이, 같이 가자니까.

집 안은 춥습니다. 해루가 더 추울까 봐 전 천장에 딱 달라붙어 있기로 했지요. 해루는 냄비 뚜껑을 열어 봅니다. 엄마가 아침에 뭔가 끓이는 것 같았어요. 저도 궁금해서 들여다봅니다. 미역국이네요. 엄마는 해루의 생일을 잊은 게 아니었어요. 해루가 가만히 국을 바라봅니다. 밥을 푸더니 혼자 앉아 밥을 먹습니다. 한 숟가락 가득 퍼서 열심히 먹습니다. 누군가 밥을 먹을 땐 앞에 앉아 있어야 하는 게 예의인 것 같아 천장에서 내려와 저도 밥상 앞에 앉았지요. 해루는 밥을 먹으면서도 자꾸 눈을 비볐습니다. 매운 거라곤 하나도 없이 그저 국에 밥을 말아 먹을 뿐인데 해루는 몇 번이나 눈을 비비며 코를 훌쩍거렸답니다.

밥을 다 먹은 해루는 청소를 하기 시작합니다. 잠시 후면 집에 돌아올 형과 엄마를 위해서 연탄을 새로 갈고, 걸레를 빨아 방을 닦고, 난로 위의 주전자에 물을 새로 붓고 설거지도 합니다. 저요? 전 물론 천장에 딱 붙어 있었죠. 제가 움직이면 해루가 추울까 봐 그런 거지, 절대로 일하는 게 싫어서 그런 게 아니라고요.

"해루야!"

미루의 목소리가 들립니다. 쏜살같이 미루에게 달려가는 해루. 서둘러 가다가 전 그만 미끄러져 하마터면 난로 위에서 펄펄 끓고 있던 주전자에 빠질 뻔했답니다. 미루는 피곤해 보였지만 환하게 웃고 있습니다.

"집이 왜 이리 환하고 깨끗하지?"

"응, 내가 청소했어."

"와, 우리 해루 다 컸네."

미루는 해루에게 어퍼컷, 잽을 넣으며 장난을 칩니다. 해루도 질세라 형의 허리를 끌어안고 다리를 걸고 야단입니다. 저도 옆에서 폴짝폴짝 뛰며 응원했지요. 해루, 이겨라! 미루, 이겨라! 둘 다 이겨라! 주전자에서 끓던 물도 연탄불도 같이 응원하느라 집 안은 그야말로 난리 법석이랍니다.

"으으, 항복! 우리 해루, 전보다 기술이 더 좋아졌는걸."

엉, 이렇게 쉽게 항복할 미루가 아닌데? 그러고 보니 미루는 한 손에 종이봉투를 들고 있네요. 좀처럼 무언가를 사 오는 일이 없는 미루인데 뭘까요? 뭘까, 뭘까? 전 너무너무 궁금해졌답니다. 봉투 주변을 빙빙 돌았지만 속에 뭐가 들었는지 볼 수가 없네요. 테이프로 꼭 붙여져 있거든요. 미루야, 뭐야?

"형, 그건 뭐야?"

"어? 아, 아무것도 아냐. 자자. 오늘도 시간이 나니까 그람시에 대해서 공부해 볼까?"

미루와 장난치느라 얼굴이 붉게 상기된 해루는 신나서 고개를 끄덕입니다. 봉투 안의 것이 너무 궁금하긴 했지만 그람시 얘기도 듣고 싶어서 전 그들 앞에 얌전히 앉아 있기로 했지요. 해루의 눈이 반짝반짝 빛나네요. 해루의 밝은 얼굴을 보니까 저도 기분이 좋아요. 전 해루의 볼을 비비며 속삭여 주었어요.

해루야, 생일 축하해. 넌 꼭 행복해질 거야. 사람은 누구나 행복하게 살기 위해 태어난 거니까. 형이 그랬잖아. 그러니까 괜찮지? 집에 늘 혼자 있어도, 생일 선물 같은 거 하나도 못 받았어도, 아빠 팔은 외팔이, 다리가 코끼리인 엄마라 해도, 희망을 주는 형이 있으니까, 사람은 누구나 행복하게 살기 위해 태어난 거라고 말하는 형이 있으니까, 괜찮지?

④ 포디즘

미루가 들려준 두 번째 그람시 이야기는 '포디즘'이에요. 포디즘은 헨리 포드의 성에 '~주의'라는 뜻의 'ism'이 붙은 거래요. 사실주의, 민주주의, 뭐 이런 말 쓰잖아요. 그럼 전 장난주의, 말썽주의, 수다주의…… 정도가 되려나, 헤헤헤.

"해루야, 헨리 포드라는 이름 들어 봤니?"

"헨리 포드? 아니. 누군데?"

"자동차의 왕이라고 불리는 미국 사람이야. 포드 자동차 회사는

1910년 초반까지만 해도 미국의 자동차 시장에서 3위 정도였어. 그런데 1913년에 헨리 포드가 새로운 생산방식을 도입하면서 1위로 올라서게 되었지."

"우아, 대단하다! 어떤 방법을 썼는데?"

"컨베이어시스템이라는 건데 물건을 올려놓고 이동시키는 컨베이어벨트를 이용해서, 말하자면 굉장히 크고 넓은 허리띠 같은 게 자동으로 움직여서, 사람들이 더 빠르고 쉽게 일할 수 있게 된 거야."

"으음."

"디트로이트 공장에 만들어진 컨베이어시스템은 43개의 생산라인으로 구성되어 있어."

"자동차는 크고 복잡하니까 한 사람이 만들어 낼 수 없잖아."

"그렇지. 자동차를 만들려면 많은 사람들이 필요하고 각기 다른 일을 맡아서 그것만 하면 되거든. 그래서 하나의 라인을 통과할 때마다 자동차는 점점 모습을 갖춰 가게 되고 마지막 라인을 통과하면 완성된 자동차가 나오는 거야."

"그럼 사람들은 자기 자리에만 있으면 되겠네? 자동차가 돌면 되니까."

"바로 그거야. 이 시스템이 도입되기 전에는 자동차를 한 대 조립하는 데 걸리는 시간이 12시간 30분이었대. 그런데 컨베이어 시스템을 도입한 후에는 1시간 33분 만에 뚝딱 완성!"

"어어, 그렇게 빨리?"

"하하, 굉장하지? 그러니까 엄청 많은 자동차를 엄청 빠른 시간 안에 만들 수 있게 된 거야. 이렇게 많이 만들어 내는 걸 대량생산이라고 해. 대량생산은 포디즘의 가장 큰 특징이고."

"물건이 많으면 값은 싸지잖아. 엄마가 일하는 마트에도 잔뜩 쌓아 놓은 것들은 하나 더 주기도 하면서 값도 싼걸."

"그렇지. 사는 사람에겐 분명 이익이지. 그렇다고 자동차를 하나 더 끼워서 팔진 않겠지만."

"음, 물건이 많으면 가격이 떨어지니까 사는 사람은 싸게 사서 좋고, 사람들이 많이 사면 그만큼 많이 팔리니까 만드는 사람도 좋고. 뭐 그런 거야?"

"맞아. 포드가 도입한 또 하나의 새로운 방식은 많은 월급을 주는 거였어. 다른 자동차 회사에 비해 5배나 많이 주었대."

"엑!"

거기까지 얌전히 얘기를 듣고 있던 저도 깜짝 놀랐답니다. 그래서 저도 해루도 눈을 동그랗게 뜨고 미루에게 소리쳤지요.

"굉장하다!"

"다른 회사에 비해 자동차가 쌌기 때문에 포드 자동차는 불티나게 팔렸지. 대량 생산을 하면서 자동차 가격을 떨어뜨릴 수 있었거든. 결국 포드 자동차는 1위를 했단다."

"그럼 포디즘은 좋은 거네? 많이 만들어서 물건을 싸게 만들고, 물건이 많이 팔려서 일하는 사람들의 월급도 올라가고."

저도 해루의 말에 고개를 끄덕였답니다. 많다고 무조건 좋은 건 아니지만요. 그런데 미루의 얼굴이 조금 어두워졌어요.

"해루야, 지금부터 형이 하는 말 잘 들어 봐. 포디즘은 결코 좋은 것만은 아니란다."

"왜? 물건도 많고, 값도 싸고, 돈도 많이 버는데."

"물론 처음엔 좋았지. 노동자가 높은 임금을 받으니 소득이 높아져서 저축과 소비도 높아지고 기업이 생산 활동을 활발히 할 수 있었단다. 이런 포디즘이 미국 사회 전체로 확산되면서 미국은 제조업을 기초로 전 세계의 경제를 장악할 수 있게 되었고."

"그런데 뭔가 문제가 생긴 거야?"

"응. 그게 가능했던 건 미국이 자유로운 기업 활동과 경제적 개인주의가 보장되는 자유주의국가였기 때문이야. 거대 기업이 생겨날 수 있는 배경이 있었고 말이야. 그람시는 이탈리아에서는 미국과 같은 포디즘 사회가 오긴 힘들다고 보긴 했지만."

"미국이랑 이탈리아랑 상황이 달랐구나."

"여러 가지로."

"근데 뭐가 문제였는데?"

"포디즘 이후로 노동자들은 뱅뱅 돌아가는 컨베이어 벨트 앞에 앉아서 부품 조립만 하는 단순노동을 하게 되었어. 고급 숙련노동이 필요 없게 된 거야."

"복잡하지 않고 단순하면 좋은 거 아냐? 계속 똑같은 일만 하면 되잖아."

해루는 이해가 되지 않는 듯 고개를 갸웃거립니다. 엄마가 식당 일을 그만두고 마트에서 일하게 되었을 때 사용하는 계산기가 아주 단순하고 간단해서 좋다고 했던 게 생각났거든요. 세상에 복잡한 일, 어려운 일만 있었다면 엄마가 할 수 있는 일은 없었을지도 모르니까요.

"그렇게 생각할 수도 있지만 매일매일 기계처럼 같은 일만 반복한다고 생각해 봐. 나사를 조이는 사람은 하루 종일 나사만 조이고, 구멍을 뚫는 사람은 하루 종일 구멍만 뚫는 거야. 몇천 번, 몇억 번씩 같은 일을 하루, 한 달, 일 년, 반복하고 또 반복하는 거지. 해루도 다른 건 하나도 안 하고 하루 종일 수학 문제만 풀어야 한다면 어떡할래?"

"으악, 그건 싫어. 분명히 수학이 꼴도 보기 싫어질 거야."

"그렇겠지? 같은 일만 반복하면 노동에 대한 관심과 애정을 잃고 쉽게 피곤해지거든. 그람시는 이렇게 훈련된 단순 노동자를 원숭이라고 했어."

"원숭이?"

"응. 자기 생각 없이 시키는 것만 하는 훈련된 원숭이."

"음."

"미국의 테일러라는 사람은 이런 말을 했단다. 현대사회에서 많은 노동자들이 단순노동, 비창조적인 노동, 상상력이 요구되지 않는 노동을 한다고. 아주 소수의 사람들만 창조적이고 고급스러운 노동을 한다는 거지. 결국 육체노동과 정신노동이 분리되어서 정신노동을 하는 사람들이 육체노동을 하는 사람들을 통제하게 되는 거야."

"형네 사장처럼? 일도 안 하면서?"

미루는 아무 말도 하지 않고 쓰게 웃기만 했답니다. 해루는 무언가 억울하고 분한 듯 주먹을 꽉 쥐고 냅다 소리쳤어요.

"그깟 공장 그만두면 되지. 형도 공부해. 공부해서 대학 가고 나중에 사장 되면 되잖아!"

미루는 해루를 가만히 바라보다가 천천히 입을 떼었어요.

"그럴 수는 없어."

"왜?"

"지금 그만두면 지는 거니까."

"누구한테?"

"……."

"응, 누구한테 지게 되는 건데?"

"아빠를 그렇게 만든 사람한테."

"……."

해루는 그만 아무 말도 할 수 없었답니다. 방 안은 갑자기 무거운 공기로 가득 찼어요. 아까까지 그렇게 즐거워 보이던 주전자의 물도 연탄불도 모두 숨을 죽이고 가만히 생각에 잠긴 듯했어요. 전 해루를 살짝 엿보았답니다. 해루는 가슴 밑바닥에서부터 천 미터, 만 미터, 아니 십억, 천억 미터 밑에서부터 참을 수 없이 뜨거운 것이 솟아오르는데, 용암보다 뜨겁고 화산보다 뜨거운 것이 마구 솟아오르는데, 꾹 참고 있는 것처럼 보였어요. 그 순간 해루가 어찌나 뜨거웠는지 제가 다 녹아 흐물흐물해지는 것 같았어요. 엉엉, 뜨거운 건 싫어요. 전 슬그머니 그 자리에서 일어났답니다. 그때였어요. 목이 잔뜩 멘 해루가 간신히 나오는 목소리로 미루에게 물었어요.

"그럼 형이 이길 거야?"

"……."

"이길 거지? 꼭 이길 거지?"

"그래. 적어도 이대로 지진 않을 거야. 절대로 지지 않아."

전요, 이때만큼 환하게 빛나는 미루의 얼굴을 본 적이 없습니다. 그리고 이때만큼 해루가 형을 가깝게 느낀 적도 없을 겁니다. 해루는 눈이 부신 듯 형을 바라보고 있거든요. 대학교에 다니거나, 유학을 가거나, 무슨 어려운 시험에 합격을 했다 해도 해루는 지금의 형이 훨씬 더 멋있다고 생각했을 거예요. 그 누구의 형도 부럽지 않았을 거예요. 절대 지지 않아, 하고 말하는 미루는 세상에서 가장 멋진 해루의 형이었으니까요. 소리쳐 자랑하고 싶을 만큼 굉장한 형이었으니까요.

주전자의 물도 연탄불도 그렇게 생각한 게 틀림없어요. 그날 밤 방은 밤새 따뜻했고, 물은 팔팔 끓었으며, 전 밤새 하늘을 날아다녔답니다. 별도 달도 나무들도 그날 밤에는 모두모두 미루의 동생이었어요. 우리는 모두 세상에서 가장 멋진 형을 둔 동생들이었답니다.

철학
돋보기

남부 문제

우리 사회에 아직도 영호남의 지역 갈등이 심각한 문제로 존재하는 것처럼 그람시가 살던 이탈리아에는 '남부 문제'가 심각한 지역 문제였다.

이탈리아는 남부 지역과 북부 지역이 차이점도 많고 그 분열과 대립이 매우 심했던 국가이다. 전통적으로 남부 지역은 농촌 지역이고 부익부 빈익빈이 크게 나타나는 지역이었고, 반면 북부 지역은 19세기 말부터 산업 시설이 들어서면서 기업가, 노동자, 사무직, 공무원 등 다양한 집단이 살고 있는 지역이었다.

북부는 경제적으로도 발전하였을 뿐만 아니라 교육, 문화 등 다양한 부문에서 남부보다 발전된 지역이었다. 문화와 전통이 상이한 남부 지역과 북부 지역은 19세기부터 그 차이점이 더욱 크게 나타나기 시작하였다.

한 국가가 지역적 · 집단적으로 대립과 갈등이 없을 때 발전할 수 있듯이, 국가는 국민들 내부의 통합과 조화를 필요로 한다. 이탈리아에서 남과 북의 격차와 갈등은 심각한 문제였다. 이 문제를 그람시는 '남부 문제'라고 지칭하고 있다.

이러한 지역의 차이는 지역 간의 갈등으로 나타났고, 이 문제는 이탈리아를 괴롭힌 중요한 문제였다. 그람시가 태어난 곳은 남부 지역이었다. 그람시가 본격적으로 정치 활동을 전개한 곳은 북부 지역이었다. 20세기에 최초로 그람시는 이탈리아의 국가적·민족적인 문제 해결의 기초로 북부와 남부, 즉 북부 지역의 노동자와 남부 지역의 농민의 통합과 협력의 중요성을 제기한 인물이었다. 이 고민 속에서 그람시는 자신의 독창적인 정치이론과 철학을 전개하였다. 그는 노동자와 농민이 결속할 때 자신이 추구한 안정되고 바람직한 사회가 올 수 있다고 믿었다. 그러나 그는 이탈리아 사회가 자본주의 사회였기 때문에 노동자가 중심이 되는 사회를 염원하였다. 노동자들이 헤게모니를 장악하고 그 헤게모니를 농민에게 행사하여 협력과 지지를 얻을 때 이탈리아 사회가 새로운 사회로 나아갈 수 있다고 본 것이다.

포디즘

미국의 포드 자동차 회사는 1910년대 초반까지만 해도 미국의 자동차 업계에서 3위였다. 그러나 1913년 포드 자동차 회사의 소유주인 헨리 포드는 새로운 생산방식을 도입하면서 업계 1위로 올라서게 된다.

포드는 컨베이어시스템이라는 새로운 기술을 디트로이트에 있는 자신의 공장에 도입하였다. 이 시스템이 도입되기 전에는 자동차를 한 대 조립하는 데 걸리는 시간이 12시간 30분 정도였다. 그러나 이 시스템이 도입되면서 1시간 33분 만에 자동차 1대를 조립할 수 있었다. 즉 생산에 소요되는 시간이 대폭 단축되어 대량생산이 가능하게 된 것이다.

포드가 도입한 경영 방침 중 또 하나의 특징은 높은 임금을 주었다는 것이다. 다른 자동차 회사에 비해 약 5배 높은 임금을 주었다. 그럼에도 불구하고 회사가 몰락하지 않고 더 번성하여 자동차 업계 1위로 부상할 수 있었던 이유는 자동차 판매가 대폭 늘었던 점에 있다. 자동차가 잘 팔린 이유는 가격이 다른 회사에 비해 저렴했기 때문이다. 대량생산이 가능해지면서 판매 가격이 하락하게 된 것이다.

이와 같은 높은 임금과 대량생산이 포드가 만든 생산 시스템의 특징이다. 이러한 생산 시스템을 포디즘이라고 한다. 포디즘은 대량생산과 대량소비가 결합된 것이다. 노동자 대중이 높은 임금을 받게 됨으로써 소득이 상승하였고 저축률도 높아졌으며 소비 지출액도 늘어나게 되었다. 따라서 기업도 활발한 생산 활동을 전개할 수 있었고 과거보다 높은 수익을 올릴 수 있었다.

그럼 컨베이어시스템은 무엇인가.

노동자들은 원으로 돌아가는 컨베이어벨트 앞에 앉아서 부품 조립만 하는 단순노동을 하게 된다. 즉 고급 숙련노동이 필요가 없는 것이다. 포디즘하에서 많은 노동자들은 반숙련 혹은 단순노동자가 된다. 그리고 기계와 비슷하게 똑같은 행동만 반복하는 노동을 하기 때문에 노동에 대한 관심과 애정을 상실할 수 있고 반복되는 행위로 육체적·정신적 피로를 느낄 수 있다. 그람시는 이러한 현상을 훈련된 원숭이로 표현한다.

많은 임금을 받게 되고 일자리가 늘어남에 따라 노동자들은 사회에 대한 불만을 과거보다 덜 갖게 되었다. 사회 전체적으로 보면 그람시의 표현대로 공장에서 자본가가 헤게모니를 장악하게 된 것이다. 포디즘을 통해 자본가가 사회 전체에 대한 헤게모니를 행사할 수 있게 된 것이다.

이 포디즘의 기초인 컨베이어벨트시스템은 매우 효율적이고 생산적이지만 설치 비용이 막대하였다. 따라서 소규모 자본이나 중소기업보다도 거대한 기업들이 컨베이어벨트시스템을 설치할 수 있었고 그러한 거대기업을 가지고 있는 미국과 같은 경제 강대국만이 포디즘의 풍요로움을 누릴 수 있었다.

그람시는 포디즘이 강제와 설득(높은 임금, 대량소비, 다양한 사회적 혜택)을 기술적으로 결합시켜 선진 자본주의사회를 유지하고 있다고 보았다. 이러한 현상들이 이탈리아 북부, 밀라노 등 도시화가 급속히 진행되고 탈 농촌화가 이루어지는 지역에서 서서히 진행되고 있다고 그람시는 진단하였다.

그러나 이탈리아에는 한계가 있었다. 미국은 자유로운 기업 활동, 경제적 개인주의가 보장되는 자유주의국가였다. 특히 미국은 역사적 과정을 거치면서 기업의 집중과 독점이라는 형태를 보여 주었다. 즉 거대기업이 탄생할 수 있는 배경이 있었던 것이다. 반면 이탈리아는 낡은 형태의 금리생활자가 많았고 폐쇄적인 사회구조를 형성하였으며 중산층이 매우 약하였다. 이러한 점들은 활발한 경제활동을 위축시켰고 거대기업이 성장할 수 있는 기반을 약화시켰다. 따라서 이탈리아에서는 미국과 같은 포디즘의 사회가 도래하기에는 힘들었다.

진짜 멋진 우리들의 짱

어떤 목적도 없다면 사람은 살 만한 가치가 없는 것이다.
- 그람시 -

엄마! 놀란 해루가 엄마를 부른다. 아침에 눈을 뜬 해루의 손에 쥐어진 것은 다름 아닌 휴대전화. 해루의 생일 선물이라고 미루 형이 해루가 자는 틈에 손에 쥐어 주고 갔단다.
역시 미루 형이야. 그런데 이 핸드폰이 해루 친구 호수를 도와주는 데 한몫했다니…….
어떻게 된 일이야?

① 금요일의 소년

아침입니다. 그래도 전 일어나기 싫어요. 조금만 더 자고 싶다고요. 어젯밤에 밤새 하늘을 날아다니면서 친구들이랑 노느라고 몹시 피곤하거든요. 해루의 머리맡에서 둥글게 몸을 말고 5분만, 5분만 하는데 갑자기 눈이 번쩍 떠졌어요. 해루가 벌떡 일어나면서 저랑 부딪힌 거지요. 전 벽 한쪽 구석에 거꾸로 처박혔답니다. 대낮인데도 별이 보이네요. 해루, 너!

전 벌떡 일어나 해루에게 돌진했지요. 그런데 이게 웬일입니까.

해루가, 제가 미처 해루의 다리를 잡기도 전에, 저를 깔고 지나가 버린 거예요. 전 완전히 방바닥에 납작하게 붙어 버렸답니다. 넙치도 아닌데! 천장도 아니고 방바닥에요!

"엄마, 엄마!"

해루는 엄청 흥분한 것 같았어요. 해루의 그렇게 놀란 목소리는 처음 들어 봤거든요. 그래서 박히고 깔리는 수모를 당하긴 했지만 전 온 힘을 다해 일어나 해루에게 달려갔지요. 해루는 엄마 앞에서 오른손을 번쩍 들고 있었어요. 오오, 이 눈부심! 저것은!

"형이 아침에 네 손에 쥐어 주고 가더라. 생일 선물이라고."

아, 미루가 어제 들고 왔던 종이봉투가 바로 저거였구나. 해루는 너무 놀라고 기쁜 나머지 방방 뛰고 있었어요. 오른손에 미루가 사 온 핸드폰을 꼭 쥐고서요.

"형이 진짜? 어제는 아무 말도 없었는데?"

"너 놀라게 하려고 그랬나 보지."

해루는 핸드폰을 열었다 닫았다 만지작거리더니 엄마를 바라보네요.

"엄마, 나 이거."

"정해진 거 이상으로 쓰면 저절로 끊기는 거래. 요즘 동네가 위험하니까 너도 꼭 하나 있어야 한다고 형이 그러더라. 형이 한 달 야근해서 사 준 거니까 조심해서 쓰고."

그래서 미루가 요즘 매일 늦게 들어왔군요. 전 가슴이 찡했답니다. 미루, 너무 멋지잖아!

"어, 근데 엄만 일 안 나갔어?"

"그래. 1주일에 하루는 쉬기로 했어. 요즘 동네에 안 좋은 일이 자꾸 일어나니까, 어른들끼리 조를 짜서 몇 명씩 남아 있기로 했거든. 하루라도 더 일해야 하는데 수당도 줄고 그래서 어쩌겠니? 여기서 쫓겨나면 갈 데가 없잖니. 아빠의 병원비 대느라 모아 둔 돈도 없고."

"아빠는 언제 와?"

"……"

"엄마, 나 이거."

"그냥 써도 돼. 얼른 세수하고 밥 먹어. 너 좋아하는 햄이랑 계란말이 했어."

해루는 엄마가 해 주는 계란말이를 세상에서 제일 좋아합니다. 그래서 밥을 두 그릇이나 뚝딱 비우고 목소리도 우렁차게 학교 다녀오겠습니다! 인사하고 집을 나섰답니다. 핸드폰을 가방에 넣고 거의 나는 것처럼 달립니다. 해루가 너무 신이 나니까 저도 몸이 가벼워요. 사실은 해루 어깨에 앉아서 가고 있거든요. 해루의 머리를 꼭 잡고 이러! 달려라, 해루!

　너무 약았다고요? 하지만 저도 오늘은 힘을 아껴야 한다고요. 회장 선거 후보자들의 연설이 있는 날이거든요. 호수도 후보에 올랐는데요, 전 호수가 회장이 되었으면 좋겠어요. 그래서 해루랑 열심히 응원을 하려고요. 강당에서 후보 연설을 하는데 어젯밤에 강당에 가서 강당에게 너도 호수를 응원해! 하고 말했더니 자기는 특정 후보를 지지할 수 없는 입장이라 중립을 지켜야 한다나요. 체!

"호수야, 호수야!"

　해루가 호수네 집 문 앞에서 호수를 부릅니다. 해루는 호수를 정말 좋아해요. 둘은 가장 친한 친구입니다. 해루가 이 동네에 처음 이사 왔을 때 말을 먼저 걸어 준 것도 호수고, 학교에서 힘센 애들이 해루를 동해루, 짱개라고 놀려도 해루는 내 친구니까 해루를 놀리려면 짱인 자기랑 먼저 맞싸워야 한다고 나서 준 것도 호수였지요.

"어, 해루야. 학교 아직 안 갔어?"

"응. 당연히 너랑 같이 가려고."

해루는 갑자기 말문이 막힙니다. 오늘은 금요일. 그러고 보니 호수는 점심때가 지나서야 학교에 올 수가 있네요. 할머니랑 단둘이 사는 호수는 1주일에 한 번 할머니랑 보건소에 다녀옵니다. 할머니가 편찮으셔서 주사도 맞고 약도 받아 와야 하기 때문이지요. 날이 추워지고 할머니가 심하게 아프시면 의사 선생님이 직접 나오기도 하셨지만 혼자 사시는 분들을 우선 진료하고 호수 할머니보다 더 아픈 분들도 계시기 때문에 매번 집에서 진료를 받을 수는 없대요.

금요일의 소년.

금요일마다 학교에 지각하는 호수의 별명이지요. 하지만 오늘은 회장 선거 연설이 있는 날인데, 선거는 2주 뒤지만 후보자들의 연설이 투표에 엄청나게 영향을 미치는 만큼 오늘은 선거일보다 100배는 더 중요한 날이에요. 원래 수요일이 예정일이었는데 교장 선생님이 면학 분위기가 깨진다고 금요일로 바꾼 거예요. 금요일엔 공부 안 하나요, 뭐. 하여튼 어른들이 하는 일은 이해할 수 없는 게 너무 많아요.

호수는 벌써 할머니를 모시고 나갈 준비를 끝낸 것 같아요. 아까까지만 해도 날아갈 듯하던 해루는 발끝으로 애꿎은 땅만 파고 있습니다.

"이게 다 강하 그 자식이 꾸민 일일 거야."

해루는 분한 듯 한 마디 합니다. 강하는 강 너머에 사는 성처럼 으리으리한 집에 사는 부잣집 아들입니다. 저번에 제가 얘기한 적 있었죠? 호수랑 같이 학교 회장 후보로 나왔는데 아이들에게 피자를 돌렸다고요. 강하 어머니는 학교에 자주 오십니다. 기사가 몰고 오는 번쩍이는 외제차를 타고 오지요. 그 아줌마 덕분에 5학년 교실마다 에어컨이 있다는 둥, 강하가 회장이 되면 체육관 건물을 새로 지어 준다는 둥, 소문이 많아요. 선생님들도 은근히 어려워하는 것 같고요.

"해루야, 난 괜찮아."

호수는 괜찮다고 말하지만 얼마나 속상하고 화가 났었는지 전 알아요. 금요일에 선거 연설을 한다고 발표가 났을 때 호수는 담임 선생님께 찾아가서 사정을 말하고 다른 날 하면 안 되냐고 물었었죠. 담임 선생님이 호수가 왜 금요일마다 학교에 지각해야 하는지 모를 리가 없잖아요. 곤란한 표정을 지으시며 학교 일정이라고 말끝을 흐릴 뿐이었죠.

그날 호수는 저녁밥도 안 먹고 그 좋아하는 개그 프로도 안 보고 밤새 이불을 뒤집어쓰고 운걸요. 해루도 모르게 연습장에 연설문도 쓰면서 혼자 거울을 보고 연습도 했었는데. 할머니는 일찍 잠든 척하고 있었지만 무슨 일인지 말도 안 하는 호수를 밤새 안타까워하셨어요. 아무리 어른스러운 척해도 아직 애는 애니까요. 이제 겨우 열두 살인걸요.

호수의 부모님은 호수가 어릴 때 이혼을 했어요. 호수를 할머니에게 맡기고 두 분 다 집을 나가 버렸대요. 지금은 호수가 할머니에게 잘하지만 작년까지만 해도 매일 싸움하고 욕하고 다쳐서 들어오고. 심지어는 어린 애들한테 돈까지 빼앗은 일도 있어요. 중학교 형들이랑 싸움하다가 경찰서까지 끌려가서 하마터면 소년원에…… . 네, 그런데 어떻게 변했냐고요? 그게 어떻게 된 거냐 하면요, 하하, 얘기가 좀 길어질지도 모르는데 해도 괜찮을까요?

"뭐가 괜찮아! 안 돼!"

아유, 깜짝이야. 해루, 내가 얘기하면 안 되는 거야? 너무해. 그렇다고 그렇게 큰소리 칠 것 없잖아. 난 호수 얘기를 하고 싶은 거라고!

"절대 포기하면 안 돼. 우리 형이 그랬는걸. 사람은 누구나 행복하게 살 수 있다고 했어. 너도 행복할 권리가 있다고."

"행복할 권리? 그게 뭐야? 난 그런 거 몰라. 너 오늘 이상하다. 아침부터 어려운 말이나 하고. 그리고 난 나를 위해서 학생회장을 하려는 게 아냐. 그야 회장이 되면 기분은 좋겠지만. 다른 뭔가…… 모두가 행복하게 학교 다녔으면 해서."

"그러니까 네가 회장이 되어야 한다고. 강하 그 자식이 회장이 되면……"

아하, 저한테 소리친 게 아니었군요. 쑥스럽게.

"하지만 오늘은 선거 연설도 할 수 없는걸. 할머니 혼자 가게 할 수도 없고."

"틀림없이 강하 그놈이 꾸민 일이야. 얼마 전에 그 자식 엄마가 학교에 온 걸 봤는걸."

"미안해. 네가 그렇게 열심히 준비했는데."

"어?"

"나 도와 준다고 핸드스프링이랑 춤도 연습했잖아."

"핸드스프링쯤이야. 어, 핸드? 핸드……폰!"

해루는 그제야 생각난 듯 가방에서 핸드폰을 꺼냈어요. 호수는 눈이 둥그레졌지요.

"엄마, 나 해루. 있잖아, 오늘 엄마가 호수 대신에 응응 그러니까 할머니 모시고……."

해루의 통화 내용보다는 새 핸드폰에 놀라서 해루를 바라보던 호수의 표정이 점점 환해집니다.

"고마워요. 엄마, 빨리 와. 지각한단 말이야. 응?"

"어떻게 된 거야?"

"이거? 이건 학교 가면서 얘기하도록 하고, 어때 이젠 연설을 할 수 있지? 자, 가자. 가서 강하 그놈의 코를 납작하게 해 주자. 금요일의 소년 맛이 진짜 어떤 건지 보여 주자고."

두 소년은 힘차게 학교를 향해 달립니다. 저는 이 때다 싶어 해루와 호수의 등을 힘껏 밀어 주었지요. 너무 신나는 금요일이에요. 제가 지나갈 때마다 제 친구들도 힘껏 손을 흔드네요. 안녕, 은행나무야. 안녕, 전선줄아. 안녕, 돌멩이야. 안녕, 창문들아. 안녕, 안녕! 모두 안녕! 금요일의 소년 출동이다!

② 괜찮아, 그건 네 탓이 아니잖아

교실은 이미 텅 비어 있네요. 아마 다들 강당으로 갔나 봐요. 해루와 호수도 교실에 가방만 던져 두고 강당으로 달려갑니다. 오래전부터 이 학교는 전교생이 학생회장을 직접 뽑아요. 5학년이라면 누구나 후보 신청을 할 수 있지요. 그래서 자부심이 대단했고 선거기간엔 학교가 축제 분위기예요. 후보를 지지하는 아이들의 공연도 있고, 반마다 돌면서 후보들이 짧은 연설도 하거든요. 나온 후보들 중에서 먼저 5명을 1차 투표를 통해 뽑는데 거기에 뽑힌 것만으로도 대단히 자랑스러운 일이죠.

다행히 늦지는 않은 것 같네요. 벌써 3번 후보의 연설이 끝나고 4번 후보인 강하가 연설하고 있네요. 5번은 호수인데 호수 자리가 비워져 있군요. 호수는 금요일 점심때나 되어야 오는 걸로 다들 알고 있으니까, 호수가 연설하는 걸 보면 깜짝 놀라겠죠?

호수는 학교 짱인데 애들이 진짜 좋아해요. 후배 여자 애들 사이에선 팬클럽까지 생겼을 정도라니까요. 반항적인 게 멋있대나 뭐래나. 동방신기의 누굴 좀 닮은 것도 같다나 뭐라나. 하여튼 여자 애들은 무서워요. 몇 명만 모여도 금방 꺅꺅거리며 소리를 지르거든요. 뭐 그런 점이 귀엽기도 하지만요. 어차피 호수가 연설을 하면 다들 호수를 찍을 거라고 생각하지만 강하가 뭐라고 하는지 들어나 볼까요?

"제가 회장이 된다면 좀 더 럭셔리한 학교를 만들 것을 약속합니다. 학교 강당인 이 건물 말고도 체육관을 하나 더 지을 겁니다."

"얼씨구, 자기가 무슨 재벌 아들이야?"

"왜, 쟤네 집 진짜 부자잖아. 한다면 할 걸?"

"그래. 까짓 회장 아무나 되면 어떠냐? 기왕이면 부자가 좋지."

여기저기서 수군거리는 아이들의 목소리가 들리는군요. 이봐,

좀 더 생각을 하라고! 너희 손으로 뽑는 회장이잖아. 전 주먹을 불끈 쥐고 강당을 한 바퀴 돌았어요. 그러곤 해루 머리에 찰싹 달라붙었지요. 해루가 움찔하는군요. 해루야, 참아!

"싸움을 잘한다거나 학교 짱이라거나 그래서 무서워서 학생회장으로 뽑아서는 절대 안 된다고 생각합니다. 회장은 학교를 대표하는 사람입니다. 제대로 된 부모 밑에서 제대로 된 가정교육을 받고 자라는 사람이 올바른 생각을 하고 올바른 행동을 하고 있다고 생각합니다."

갑자기 해루가 고개를 세차게 흔드는 바람에 하마터면 떨어질 뻔했어요. 간신히 해루의 머리카락을 잡고 버둥버둥 매달려 있답니다. 그래서 이번엔 해루의 목을 꼭 잡고 등에 찰싹 달라붙었지요. 해루야, 난 네가 참 좋아. 너무 좋아. 그러니 해루야, 참아!

"제대로 된 친구를 사귀는 것도 중요하다고 생각합니다. 어릴 때 사귄 친구가 평생을 간다고 합니다. 한 학교에 오래 다니지 못하고 여기저기 전학을 다니는 학생은 분명히 문제가 있다고 생각합니다."

엉, 이게 무슨 소리입니까? 해루의 등에 얼굴을 대고 부비부비하고 있던 저는 귀를 쫑긋 세웠어요. 해루의 등이 덜덜 떨리고 있는 걸 느꼈지요. 이건 분명히 호수와 해루를 나쁘게 말하는 거잖아요. 에이, 나쁜 놈! 전 저도 모르게 강하에게 달려가 쿵, 하고 머리로 박아 버리고 말았어요. 강하는 갑자기 기침을 하기 시작하네요. 쌤통이다. 그러니까 회장 후보답게, 정정당당하게 할 말만 하라고 이렇게 한 방 먹이고 다시 해루 등으로 돌아왔지요.

해루는요, 어릴 때부터 차별을 많이 받았어요. 같은 반 짝꿍이 더러운 애랑 엄마가 놀지 말라고 했다고 밀어서 의자에서 떨어져 머리를 다치기도 했고요, 준비물을 못 사 가서 벌도 많이 섰어요. 비싼 준비물일 때는 그걸 살 형편이 안 되어서 엄마한테는 말도 못 하고 그냥 잊고 안 가져왔다고 거짓말을 하곤 했지요. 학교 어머니 모임 때도 엄마는 늘 일하느라 못 오는 때가 많았고요. 그래도 이렇게 많은 사람들 앞에서 모욕당한 적은 없어요. 지금 해루의 등이 떨리는 건 분명 눈물을 억지로 참고 있기 때문이에요.

"괜찮아, 그건 네 탓이 아니잖아."

"……."

"네가 전학을 여러 번 다닌 게 네 잘못은 아니잖아."

눈을 똑바로 뜨고 앞을 보며 호수는 작지만 분명하게 말했어요. 호수의 얼굴엔 해루를 위로한다는 식의 그 어떤 동정의 빛도 없답니다.

"쓸데없는 걸로 자신을 탓하면 안 된다고 우리 할머니가 늘 말했는걸. 자기를 탓하면 남도 탓하게 되고 그럼 제대로 살 수 없게 된다고."

아, 생각났어요. 분명히 호수 할머니가 호수에게 한 말씀이에요. 호수가 작년까지만 해도 엉망이었다고 아까 제가 말했었죠? 그게 점점 심해져서 4학년이 끝나 갈 무렵엔 며칠씩 가출을 하기도 하고 중학교 형들이랑 싸워서 결국엔 경찰서까지 갔었다고요. 이제 겨우 11살이었던 꼬마가요, 눈을 이렇게 쫙 찢은 것처럼 치켜뜨고요. 얼마나 살벌했다고요. 작년 겨울이었나? 전 왠지 심심해서 공원에서 그네를 타고 있었는데요, 새벽이라 사람들도 없고 그네랑 이런저런 얘기를 나누고 있었죠. 애들이 가끔 괴롭힌다고 그네가 상담을 요청했거든요. 자기는 아무 힘도 없고, 애들을 좋아해서 참을 만은 한데 제발 침을 뱉거나 칼자국 같은 건 내지 않았으면 좋겠다고요. 그래서 전 그네가 괴롭힘을 당할 때마다 와서 도와 주기로 했어요. 제가 얼마나 정의를 사랑하는데요. 불타는 정의바람이라고나 할까.

그날 느티나무 아래에서 싸우는 소리가 들려 가 보니까 호수가 죽기 살기로 중학생 애들이랑 싸우고 있는 거예요. 하여튼 요즘엔 애들이 더 무섭다니까요. 다행히 지나가던 사람이 그걸 보고 경찰서에 신고를 했는데, 그날 경찰서에 오신 할머니가 충격을 받아 쓰러지신 거예요. 지금 호수 할머니가 아픈 건 그때부터니까, 호수는 나름대로 책임을 느끼게 된 거죠. 아마 아직 어린애였으니까 할머니가 죽을지도 모른다고 겁을 먹었을지도 모르고요. 그때 할머니는 호수에게 내 탓이다, 이 못난 할미 탓이니까 너 자신을 탓하지 말라고 하셨죠. 그때 전 알았어요. 사람은 마음먹기에 따라 의지를 가지면 얼마든지 변할 수 있는 존재라는 걸요.

에, 어디서 많이 들었던 얘기라고요? 책이나 영화 줄거리 아니냐고요? 아니라니까요! 원래 현실이 더 현실 같지 않은 법인가 봐요. 영화에 나오면 가슴 아파하는 일도 우리 주변에 진짜 그런 일이 있으면 영화 같네, 하며 그냥 지나치잖아요. 아까 맨 위에 사진 보셨지요? 그건 진짜 서울의 한 동네라고요.

아, 강하의 연설이 거의 끝나가네요. 이번엔 호수 차례예요. 호수야, 힘내라고!

❸ 억지는 노! 스스로는 예스!

"예, 4번 김강하 군의 연설 잘 들었습니다. 이번엔 마지막 후보인 정호수 군 차례인데……."

사회를 맡은 지금 학생회장이 호수의 빈 자리를 힐끗 보는군요. 어, 갑자기 강당 안이 술렁이기 시작하네요. 해루 옆에 있던 호수가 어느 사이에 강당 한가운데로 걸어가고 있어요. 호수가 앞으로 걸어 나갈 때마다 술렁이는 소리가 파도처럼 높아지네요. 모두 놀란 게 틀림없어요. 호수가 올 거라고 생각한 사람은 거의 없을 테니까요.

"5번 후보인 정호수입니다. 조금 늦었습니다. 죄송합니다."

허리 숙여 인사하는 호수 위로 박수가 쏟아집니다. 저랑 해루도 열심히 박수를 쳤지요. 저는 해루 머리 위에서 깡충깡충 뛰기도 한걸요. 제가 뛸 때마다 해루 머리카락도 같이 폴짝폴짝.

"앞 후보의 연설을 잘 들었습니다. 학교를 럭셔리하게 만드는 것도 새로운 체육관을 짓는 것도 제대로 된 부모 밑에서 자라나거나 한 학교를 꾸준히 다니는 것도 다 모두 좋은 얘기라고 생각합니다. 그러나 여러분, 꼭 그래야만 할까요? 좋은 학교에 다니면 우리 모두가 좋은 학생이 되는 걸까요? 모두 다 알고 계시듯 우리 학교는 좋은 학교입니다. 그러나 얼마 전까지만 해도 좋은 학교에 다니는 전 좋은 학생은 아니었습니다. 싸움짱이었으니까요. 하지만 전 지금은 싸움짱이 아니라, 누가 만들어 준 껍데기뿐인 학생 회장이 아니라, 진짜 멋있는 짱이 되고 싶습니다.

힘이라는 건 혼자서 억지를 부린다고 가질 수 있는 게 아니라는 걸 알았기 때문입니다. 스스로 구한 게 아니라면, 누구나 진심에서 인정하는 힘이 아니라면, 그 힘이 무슨 의미가 있겠습니까? 힘이 세면 쉽게 남에게 이길 수 있습니다. 그러나 힘으로 이긴 친구들은 진짜 친구는 아닙니다. 앞에선 따르는 척해도 뒤에서는 욕을 하고 미워하거든요. 바로 제가 그랬으니까요. 맞아서, 아파서, 무서워서 저를 따르는 친구는 많았지만, 진심으로 저를 걱정해 주는 친구는 없었습니다.

저희 집은 가난합니다. 그래서 학교를 위해 큰 돈을 내거나 건물을 지어 주지는 못합니다. 그러나 제겐 모두가 즐겁게 학교를 다닐 수 있도록 하고 싶은 마음만은 누구보다 많습니다. 서로 믿고 사랑하는 마음이 없다면 학생회장이 아니라 대통령이 된들 무슨 소용이 있겠습니까? 여러분, 돈이나 힘이 아니라 화산보다 뜨거운 마음을 가진 저를 뽑아 주신다면 정말 열심히 일하는 학생회장이 되겠습니다. 고맙습니다."

우아아아아아아! 호수의 연설이 끝나자마자 정말 글자 그대로 우레 같은 박수 소리가 터져 나왔어요. 중립을 지키겠다던 강당조차 감동을 했는지 온몸을 부르르 떨며 열심히 환호성을 지르네요. 호수는 몇 번이고 인사를 하고는 조금 부끄러운 듯 자기 자리에 앉았습니다. 그 옆에 강하 녀석은 애써 침착한 얼굴로 박수를 치고 있지만요, 아마 속이 아주 쓰릴걸요? 전 너무나 신이 나서 우우우우, 강당에 모인 학생들의 손바닥을 치며 돌아다녔죠. 왜

있잖아요, 야구에서 홈런을 친 선수가 홈을 밟고 들어오면 벤치에 앉아 있던 선수들이 우르르 몰려 나와 하이파이브를 해 주는 것처럼요. 그러다가 너무 세게 박수를 치던 해루의 손바닥에 끼어 가지고는 빠져 나오지도 못하고 오징어처럼 납작해져 버렸지만요.

연설이 끝나고 후보자들의 친구들이 축하 공연을 합니다. 해루는 그 뭐냐, 백 댄서 역할이었는데요. 평소에는 얌전하고 수줍음도 많으면서 무대에서는 어찌나 펄펄 날던지. 이러다가 해루 팬클럽이 생기는 거나 아닌지 모르겠네요. 어쨌든 저도 오랜만에 춤 실력을 발휘했지요. 춤! 하면 또 저 아니겠어요? 앗싸!

해루와 호수는 나란히 강가를 걷고 있습니다. 아까의 흥분이 가라앉지 않은 상태여서 추운 줄도 모르네요. 투표일은 아직 멀었지만 호수가 압도적으로 뽑힐 거라고 믿어요. 그래서 제 친한 친구인 강물에게도 오늘 있었던 일을 죄다 말해 주었죠. 강물도 감동이었는지 반짝반짝 빛나면서 제 얘기를 듣는군요. 졸졸졸, 소리까지 지르고요. 전 더 신이 나서 한참을 강물이랑 수다를 떨었지 뭐예요. 그러곤 손으로 자랑스럽게 호수와 해루를 가리켰지요. 보라고, 오늘의 영웅들이 저기 있다고.

"해루야, 난 말이야, 언제나 저기가 부러웠어."

"……."

"저긴 밝고 화려하잖아. 여기랑은 다른 세상 같아."

"난 나만 그렇게 생각하는 줄 알았어."

"자식, 그럴 리가 있냐. 우리 동네 애들은 다 저길 부러워할걸."

"단지 강 하나를 사이에 두었을 뿐인데."

"그래. 그런데 이 좁은 강이 너무 넓게만 보이지 뭐냐. 사실은 너무 화가 나. 모두 잘 살 수는 없는 걸까?"

"음, 얼마 전에 우리 형에게 들었는데……."

해루는 형에게 들었던 남부 문제와 포디즘에 대해 호수에게 생각나는 대로 얘기해 주었어요. 아, 언제 들어도 재미있는 이야기는 아니지만요, 복습은 중요하다고 새삼 생각했어요. 오해루! 기억을 잘 하고 있었구나. 넌 기억쟁이?

"미루 형은 어떻게 그런 걸 다 알고 있지?"

"그람시가 쓴 책을 읽고 공부했나 봐."

"뭔 시? 서울시? 홍시?"

"아, 추워. 썰렁해. 얼겠다. 그것도 농담이라고 하냐?"

"음, 미루 형한테 나도 같이 배우면 회장 일을 하는 데 도움이 될까? 아, 아직 당선된 건 아니지만."

"무슨 소리! 당선된 거나 다름없지. 오늘 애들 반응 못 봤어? 틀림없이 회장은 너라고! 너도 같이 공부한다고 하면 형도 틀림없이 좋아할 거야. 오늘은 좀 늦게 올지 모르지만. 아, 너희 집에 들렀다가 우리 집에 같이 가자. 엄마가 오늘 집에 있으니까 떡볶이 해 달라고 할까?"

"해루야, 고마워."

"야, 바로 코앞에서 그런 소리 좀 하지 마. 아저씨 같잖아."

"고맙다, 친구야. 고마워, 친구. 고맙다고, 해루야. 고마……."

"으악!"

해루는 호수의 입을 막느라 난리입니다. 후후, 해루는 부끄럼쟁이. 사이좋게 어깨동무를 하고 집으로 돌아가는 해루와 호수의 등에는 어느 새 붉은 노을이 살며시 물들고 있네요. 하나 둘씩 불이 켜지는 동네를 향해 누가 먼저랄 것도 없이 뛰어갑니다. 어슴푸레 초저녁 어둠이 강 너머에도 강 아래에도 똑같이 내려앉고 있습니다.

4 헤게모니

호수 집에서 저녁을 먹고 밤에 해루네 집으로 돌아오던 길에 슈퍼에 들러 꼬치 어묵을 하나씩 먹습니다. 역시 겨울엔 어묵이 최고야. 멀리서 국물 냄새만 맡아도 가슴이 따뜻해지는 것 같아요. 전 어묵들에게 오늘 있었던 일을 또 얘기해 주느라 정신이 없었지요. 어묵 국물이 팔팔 끓어오르더군요. 역시 감동이에요. 집 앞까지 왔는데 집은 캄캄합니다. 문을 엽니다.

"어, 엄마가 어디 갔나? 엄마?"

아무 소리도 안 들리네요. 집 안은 조용하기만 합니다. 해루는 고개를 갸웃거립니다.

"악!"

갑자기 방문이 열리더니 누군가가 불쑥 나옵니다.

"으악! 악! 악!"

해루는 깜짝 놀라서 신발도 못 신고 호수를 끌고는 저만치 도망가 버리네요. 저도 너무 놀라서 바닥에 쿵, 주저앉았어요. 어두워서 누군지도 모르겠고. 엉엉, 어떡해요? 해루네 집은 훔쳐 갈 게 하나도 없다고요.

"하하하, 뭐야. 그렇게 놀랐어?"

어, 이 목소리는?

"형, 놀랐잖아. 벌써 집에 왔어? 근데 왜 불도 안 켜고 있어? 엄마는?"

"자식, 넌 급하면 늘 한꺼번에 질문하더라. 집엔 한 시간 전에 왔고, 불은 그냥 안 켰고, 엄마는 동네에서 회의가 있다고 나가셨고. 근데 왜 이렇게 늦게 와? 어린애가. 밥은 먹었어? 같이 온 건 누구야? 아, 선물은 맘에 들어?"

"호수네 집에서 놀다 왔고, 밥은 먹었고, 같이 온 건 호수고, 선

물은 형이 최고야!"

해루는 미루를 껴안고 어리광을 피웁니다. 한꺼번에 질문하는 건 해루나 미루나 똑같네요. 누가 형제 아니랄까 봐.

"어, 호수 왔구나. 들어와."

"안녕하세요?"

"있지, 오늘 학교에서 호수가……."

해루는 오늘 학교에서 있었던 일을 미루에게 신나게 얘기해 줍니다. 아이, 그런 건 내가 전문이라고. 벌써 오늘 몇 번이나 친구들에게 얘기를 해 주었건만 전 하나도 질리지가 않아요. 해루가 얘기할 때 빠뜨린 부분을 전 옆에서 보충 설명을 해 주었죠. 연탄불이랑 주전자도 천장도 방바닥도 눈을 동그랗게 뜨고 얘기를 들었어요. 흠흠, 제가 이야기의 주인공인 양 어깨가 으쓱했지요. 난 으쓱쟁이?

"이야, 호수야, 축하해."

"아아, 아니에요. 아직 당선된 것도 아닌데."

"그나저나 호수가 대단한 연설을 했는걸. 어떻게 그런 멋진 말을 다 했지? 꼭 그람시가 말한 헤게모니를 알고 말한 것 같네."

"……?"

에구머니, 해괴모니? 으으, 미루야, 너무 어려워. 어려운 건 싫어. 쉽게 말하란 말이야. 쉽게! 전 미루의 머리 위에서 방방 뛰다가 미끄러져서 목을 타고 등을 타고 방바닥에 콕! 그걸 바라보던 주전자가 웃음을 참느라 가뜩이나 노란 얼굴이 샛노랗게 되는군요. 체, 실수가 아니라고. 난 그냥 미끄러지는 걸 좋아하는 미끄럼쟁이야! 하고 외쳤지만 아무도 믿지 않는 눈치군요. 저기 방바닥 구석에 있는 걸레마저도 눈가에 주름이 자글자글하도록 웃고 있으니 말이에요.

"엉, 해……? 그건 또 뭐래? 아, 형, 호수도 형한테 배우고 싶대. 내가 지난번에 들은 이야기를 해 줬거든. 그리고 앞으로 학생 회장이 될 귀한 몸이시니까 도움이 될 것 같기도 하고."

"그래? 호수라면 언제든 대환영이지. 그럼 말이 나온 김에 지금 당장 수업을 하도록 할까?"

미루는 싱글벙글하면서 이야기보따리를 또 푸는군요. 저처럼 말하는 걸 좋아하는 게 틀림없어요. 역시 멋쟁이 미루는 저랑 통하는 게 있다니까요. 전 해루와 호수 사이에 앉아서 미루를 반짝반짝 빛나는 눈으로 바라보았지요. 미루, 어서 얘기해 줘. 난 듣기쟁이야.

"호수도 해루에게 들어서 남부 문제와 포디즘에 대해선 대충 알고 있지?"

"음, 농촌 지역인 가난한 남부와 산업도시인 발달한 북부가 차이가 많이 나서 갈등이 생긴 게 그러니까……."

"남부 문제고."

"또 그러니까 대량생산, 많은 월급 대신 원숭이처럼 돼 버린 노동자 문제가……."

"헨리 포드의 이름을 따서 포디즘. 우아, 호수 잘 알고 있네."

"해루가 설명을 잘 해 주었거든요."

호수는 쑥스럽다는 듯 웃었어요. 해루는 자신을 칭찬하는 호수의 말에 어깨를 으쓱했지요. 어이, 으쓱쟁이는 나라고. 따라 하지 말란 말이야. 해루는 따라쟁이.

"그럼 오늘은 그람시의 헤게모니에 대해 배워 볼까? 호수가 한 연설에 아주 중요한 내용이 있어. 억지로 갖는 힘이 아니라 주변에서 인정하는 힘이 의미 있는 것이라 했지? 헤게모니라는 말도 이를테면 힘이라는 거야. 그람시는 특히 이 말을 서구사회의 정치를 분석할 때 썼지만, 꼭 그렇게 거창하게 쓰지 않아도 될 것 같구나. 너희들한테도 해당되는 말이니까."

자기들과 관계 있는 말이라는 미루의 말에 해루와 호수는 좀 더 진지한 표정이 되네요. 음, 그럼 저한테도 해당이 될까요? 미루의 말을 좀 더 열심히 들어 봐야겠네요.

"그람시는 강제와 동의가 결합된 것이 헤게모니라고 했단다."

"강제?"

"응. 억지로 시키거나 당하는 걸 강제라고 하지. 스스로 하는 게 아니라는 뜻이야."

"그럼 동의는 뭐야?"

"강제의 반대라고 할 수 있겠지. 자발적으로, 즉 스스로 하는 거니까. 그런데 이 두 가지가 결합해서 헤게모니가……"

"잠깐! 형, 강제면 강제고 동의면 동의지, 어떻게 정반대되는 걸 합쳐?"

"얼음과 불을 같이 두는 거랑 같잖아요."

미루가 말한 헤게모니가 어려운지 호수랑 해루의 질문이 이어지네요. 그렇군. 정반대되는 건데, 저로 말하자면 움직여야 바람인데 움직이지 않는 거랑 움직이는 거랑 합해져서 어어, 눈이 빙글빙글 돌아요. 어지러워요.

"하하하, 어렵긴 어려웠나 보네. 예를 하나 들어 볼까? 혹시 당근과 채찍이라는 말 들어 봤니?"

"당근은 당근 들어 봤죠."

호수의 농담에 다들 웃어서 분위기가 다시 가벼워졌어요. 부엌에 있는 당근이 제 애기를 하는 줄 알고 얼굴에 힘을 주네요. 당근양, 그렇게 얼굴 붉히지 않아도 돼. 부끄러워하긴. 숨을 쉬라고. 전 당근에게 가서 한 바퀴 돌고 왔어요. 원래 자리에 앉으려다가 해루의 웃는 얼굴이 너무 귀여워서 부비부비 해 주었죠. 해루가 얼굴을 움찔거리는군요. 해루, 부비부비 좋아하는구나. 알았어. 자주자주 해 줄게.

"근데 당근이랑 채찍이랑 무슨 상관이 있나요?"

"말을 길들이는 것에 비유해 볼까? 말을 빨리 달리게 하려면 채찍이 필요하지. 그러나 매일 채찍만 휘두른다면 어떻게 될까?"

"주인을 발로 뻥 차 버릴 것 같아요. 저도 선생님이 막 혼내면 무서워서 숙제를 하다가도 매일 혼내면 그것도 습관이 돼 버려서 그러려니 하거든요. 나만 미워하는 것 같아서 대들고 싶은 마음도 막 생기고요."

"맞아. 난 아주 작은 것도 선생님이 잘 했다고 칭찬해 주면 정말 열심히 하게 되는걸."

"그럼 매일 칭찬만 받고 야단맞지 않으면 좋을까?"

"응!"

해루는 큰 소리로 말하네요. 칭찬받는 게 그렇게 좋은 거야?

"한 번도 그런 적이 없어서 잘 모르겠지만 그래도 매일 칭찬 받으면 좋겠어."

"자기가 잘못했을 때도? 칭찬만 받다 보면 버릇이 없는 해루가 될지도 모르는데?"

"그건……."

해루의 얼굴이 금방 시무룩해지네요. 미루는 그런 해루를 빙긋 웃으며 바라봅니다.

"그래서 채찍과 당근이 함께 필요한 거란다. 채찍은 강제고, 당근은 동의라고 할 수 있지. 말을 잘 길들이려면 채찍만 있어서도 안 되고, 당근만 주어서도 안 되잖아? 채찍만 휘두르면 반항하기만 할 거고, 당근만 주면 주인을 무서워하지 않고 주인 말을 안 들을 테니까. 오냐, 하고 무조건 해 달라는 거 다 해 주면서 키운 버릇이 없는 아이처럼 말이야."

해루와 호수는 이제야 이해가 조금 되는 듯 고개를 끄덕끄덕합니다. 알고 보니 뭐 별거 아니네요. 헤게모니라고 해서 엄청 해괴

한 이야기인 줄 알았더니 말이에요.

"강제와 동의 사이엔 어떤 공통점도 없는 것처럼 보이지만 이렇게 성격이 다른 두 개가 합쳐져서 헤게모니가 만들어지는 거야."

"우아, 합체 로봇 같다. 호수 해루 크로스! 변신!"

호수의 농담에 방 안은 또 한 번 웃음바다가 되었답니다. 아니 호수니까 웃음호수라고 해야 되나.

"그러고 보니 짱과 비슷하네요. 애들이 믿고 따를 때도 있지만 무서워서 시키는 대로 하는 경우도 있거든요. 동의도 있지만 강제도 있으니까요."

"그렇지. 호수가 잘 아네."

"호수는 우리 학교 짱인걸. 6학년들도 호수는 안 건드려!"

"그래? 그래도 약한 자를 폭력으로 누르는 건 비겁한 일이야. 호수는 물론 안 그러겠지만."

"호수는 그런 나쁜 짱이 아니야. 호수가 싸움을 잘 하는 건 맞지만, 멋있으니까 애들이 그냥 따르는 거지."

"그래. 호수는 싸움짱 말고 진짜 멋진 짱이 되렴."

호수는 미루의 말을 듣고 가슴이 설레나 봐요. 얼굴이 당근만큼 이나 붉어졌는걸요. 하긴 자신이 학생회장이 되어 학교의 헤게모니를 장악해서 즐거운 학교를 만들어 가는 것은, 생각만으로도 가슴 벅찬 일이 아니겠어요?

"헤게모니에 대해 이해한 것 같으니 한 가지 더 배우기로 할까? 포디즘이 뭔지 기억하지? 그람시는 포디즘이야말로 자본가가 헤게모니를 가질 수 있도록 한다고 보았단다."

"자본가?"

"응. 자본을 가진 사람. 공장주라든가 회사 사장이라든가."

"그럼 자본가가 힘을 가지고 있다는 거야?"

"그렇지. 왜 그럴까?"

"그거야 돈이 많으니까. 돈만 있으면 뭐든 다 할 수 있잖아."

해루는 아빠랑 엄마랑 고생하는 것도 돈이 없어서라고 생각해요. 다시 방 안의 공기가 무겁게 가라앉고 있네요. 으윽, 무거워. 무거운 건 싫어. 전 벌써 바닥에 납작하게 눌려 있다고요. 누가 날 좀 일으켜 세워 줘!

"하지만 돈으로 할 수 없는 것도 있는걸. 돈이 있다고 미루 형처럼 멋진 형이 생기는 것도 아니고."

호수의 한 마디에 다시 해루의 얼굴이 피네요. 자랑스러운 듯 미루를 바라봅니다. 앗, 이번엔 미루의 얼굴이 붉어지네요. 미루, 너도 당근이 아니라고! 이러면 당근 형제가 돼 버리는 거라고!

"근데 자본가가 헤게⋯⋯."

"헤게모니."

"응. 헤게모니를 가지면 뭐가 당근이고 뭐가 채찍이 되는 거야? 그게 포⋯⋯."

"포디즘."

"응. 포디즘이랑은 무슨 상관이 있는 건데?"

"포디즘은 대량생산과 높은 임금이 특징이라고 했지? 높은 임금은 채찍과 당근 중에 뭘까?"

"당근이요!"

미루가 호수를 보며 빙그레 웃습니다. 하지만 호수야, 같은 농담을 두 번씩이나 하는 건 삼가 줘. 난 새로운 걸 원한다. 당근, 당근만 외치니까 부엌에 있는 소심한 당근 양이 숨도 못 쉬잖아!

"돈을 많이 주는 사장에게 노동자가 무슨 불만이 있겠니? 순순히 시키는 대로 동의하겠지. 그래서 그람시의 말대로 공장에서 자본가가 헤게모니를 갖게 된 거란다. 좀 더 넓게 생각해 볼까? 자본이 사회의 중요한 축이 되는 자본주의사회에서는 역시 자본가가 공장이나 회사뿐만이 아니라 사회에서도 헤게모니를 갖게 되지 않을까?"

"맞아! 우리 학교만 해도 돈 많은 사람이 힘이 센걸. 강하네 엄마처럼."

"그래. 학교뿐만이 아니라 사회 전체가 다 그렇지. 그런 걸 사회구조적인 문제라고 한단다."

"개인의 문제가 아니라 사회의 문제라는 거네요?"

"응. 자본주의사회는 돈이 지배하는 사회야. 사회구조적으로 자본가가 헤게모니를 가져서 이제는 노동자들이 아무 힘도 없게 돼버렸지. 노동자들 사이에서도 정규직은 자본가에게 동의를 하고 비정규직이 행여 자기 밥그릇을 빼앗을까 봐 적대시하기조차 하거든. 나 같은 힘없는 노동자는 싸워도 이건 정말 끝이 보이지 않는 싸움이야."

미루는 웃음이 사라진 얼굴로 목소리를 낮춰 말합니다. 정규직? 비정규직? 그게 뭔지 해루도 호수도 저도 잘 모르겠지만요, 미루가 어두운 목소리로 말하는 걸로 보아 아주 심각한 문제인 것만은 틀림없어요. 해루의 머리에 대롱대롱 매달려 있던 저도 장난을 그만둘 정도였으니까요. 해루의 머리 위에 얌전하게 앉아 있지요. 저라고 항상 장난만 치는 건 아니라고요. 이래 봬도 제법 철이 들

었는걸요. 나는야 철쟁이.

"절대 지지 않는다고 했잖아."

해루가 갑자기 고개를 번쩍 듭니다. 그 바람에 전 또 목으로 등으로 미끄럼을 타서 방바닥에 콕. 정말 이 형제는 내가 미끄럼을 좋아하는 걸 너무 잘 안다니까요. 어이, 주전자, 또 그렇게 얼굴이 노래질 정도로 웃을 필요는 없잖아.

"형이 그랬잖아. 절대로 지지 않겠다고!"

"맞아요. 돈이 다가 아닌걸요!"

호수랑 해루는 주먹을 불끈 쥡니다. 눈에 힘을 팍 줍니다. 입을 꼭 다뭅니다. 미루는 잠시 두 소년을 바라보더니 다시 씩 웃습니다. 저도 따라 웃습니다. 비록 아직도 방바닥에 콕 박힌 상태이지만요, 전 미루의 웃는 얼굴이 좋거든요.

"그래, 맞다! 제대로 싸워 보기도 전에 포기할 수는 없지. 지금은 내가 비록 물 한 방울에 불과하더라도 결국엔 바위를 뚫어 버리겠어! 우리 다 같이 파이팅 할까?"

해루와 미루와 호수는 두 손을 앞으로 내밉니다. 저는 미끄러졌던 것도 잊어버리고 냉큼 그 손 위에 올라갔지요. 여섯 개의 손이 하나로 모입니다. 심장이 쿵쾅쿵쾅 뛰는 게 느껴집니다. 해루도 미루도 호수도 저도 당근도 주전자도 방바닥도 천장도 연탄불도 저 구석에 있는 걸레도 모두모두 심장이 쿵쾅쿵쾅 뛰고 있습니다.

"미루, 파이팅! 해루, 파이팅! 호수, 파이팅! 아자! 아자! 아자!"

모두의 함성과 함께 저는 높이 솟아올랐지요. 아무리 하늘 높이 난다고 해도 지금 이 기분만큼 멋지진 않을 거예요. 하늘보다 높이, 우주보다 높이, 지붕을 뚫고 어둠을 헤치고 달을 지나 저 멀리 말머리성운까지 순식간에 갔다 왔거든요. 해루와 미루와 호수의 마음을 가득 담은 채로 말이에요. 오늘은 절대로 잊지 못할 최고의 밤이라고요. 야호!

헤게모니

그람시는 20세기 초 서구 사회를 분석하기 위해 헤게모니라는 개념을 도입하였다. 특히 그람시는 헤게모니라는 개념을 서구 사회의 정치를 분석할 때 사용하였다. 일반적으로 헤게모니는 강제와 동의가 결합된 용어이다. 강제와 동의는 매우 상반된 의미가 있다. 헤게모니는 어떻게 서로 상반된 두 가지 의미로 쓰이게 되었을까.

역사적으로 볼 때 어느 사회든 강자와 약자가 있고, 명령하고 통치하는 자와 그 명령을 받고 고개를 숙이는 사람들이 있다. 다시 말해 지배자와 피지배자가 존재한다. 현대사회에도 지배자들은 존재한다. 대통령은 국민에 의해 선출된 사람이지만 국민으로부터 권력을 소유할 수 있도록 허락받고 나라를 통치한다. 그리고 가장 막강한 권력을 소유하고 사회 곳곳을 통치하면서 지배한다. 지배라는 말은 나쁘게 생각할 수도 있지만 그 지배를 전체 사회를 위해 선의 목적을 가지고 사용한다면 바람직한 것이라고 볼 수 있다.

나쁜 평가를 받는 통치자는 폭력, 즉 강제만을 가지고 대중들의 의사와는 관계없이 강압적으로 자신의 명령에 대해 복종할 것을 요구하는 사람이다. 반면 영리하고 현명한 통치자는 폭력과 강제로는 제대로 통치할 수 없고 오히려 부작용만 일으킬 것이라는 것을 잘 알고 있는 사람이다. 또한 강제를 통해 대중들을 복종하도록 만들더라도 그것은 일시적인 것이고 마음속 깊이 진심으로 우러나오는 복종이 아님을 누구보다도 잘 파악하고 있을 것이다.

그럼 현명한 통치자는 무엇이 중요하다고 판단할까.

바로 동의이다. 강제에 의해 어쩔 수 없이 하는 동의가 아니라 마음에서 우러나와 하는 자발적 동의. 강압과 폭력에 의해 어쩔 수 없이 명령을 따르는 것이 아닌 다른 사람의 눈치를 보지 않고 전적으로 자신의 의지에 의해 명령을 따르는 것이 자발적 동의이다.

더 쉬운 말로 헤게모니를 표현하자면 당근과 채찍에 비유할 수 있다. 말을 잘 길들이고 주인의 말에 따라 똑바로 움직이게 하려면 채찍이 필요하다. 그러나 매일 채찍을 휘두른다면 말은 주인을 거역하기도 하고 심지어는 뒷발로 찰지도 모른다. 그렇기 때문에 가끔은 말에게 당근을 주기도 해야 한다. 여기에서 채찍은 강제이고 당근은 동의라고 할 수 있다. 말을 잘 길들이려면 때로는 채찍이, 때로는 당근이 필요한 것이다.

3

지금은 울고 싶은 때

이성으로 비관하더라도 의지로 낙관하라.
- 그람시 -

호수와 함께 학생회장 선거 후보로 나온 김 강하. 부잣집 아들이라고 자랑이라도 하는지 선거운동에 웬 햄버거? 치사한 녀석, 먹을 걸 로 친구들을 유혹하다니……. 가뜩이나 마음에 들지 않는 녀석이 미루 형 에 대해서 이상한 소리를 한다. 형, 무슨 일 이 있는 거야?

① 성난 황소

　오늘은 일요일. 아침부터 해루는 미루에게 자전거를 배우고 있습니다. 비록 미루가 슈퍼 아저씨에게 빌려 온 자전거이긴 했지만, 해루는 너무너무 신이 납니다. 저도 자전거 뒤에 올라타서 해루를 응원했지요.

　"해루야, 아냐, 좀 더 허리를 펴. 그래그래, 다리에 힘주고, 어깨에 힘 빼!" 미루는 열심히 해루를 가르칩니다. 역시 형제라는 건 좋은 거야. 아아! 어어! 똑바로 굴러가는 듯하던 자전거가 옆으로

쾅! 너무 갑작스레 넘어진 거라 저도 해루도 자전거에 깔려 버렸어요. 이게 벌써 몇 번째야. 자전거가 아프다고 찡그리는군요. 자전거 군, 좀 참아 봐. 해루는 오늘 처음 너를 타는 거고, 처음 배우는 건 시간이 필요한 법이라고."

"괜찮아?"

"어, 형. 갑자기 손을 놓으면 어떡해?"

"잘 타니까 그랬지. 언제까지 형이 잡아 주는 자전거만 타려고?"

"씨, 아프잖아."

"자꾸 넘어져야 빨리 배워. 넘어지는 법을 알아야 일어서는 법도 알게 되는 거야. 겁도 없어지고. 한 번도 쓰러지지 않는 게 중요한 게 아니야. 쓰러져도 몇 번이고 다시 일어나는 게 중요한 거지. 자다시 한번 해 보자. 형이 없어도 혼자 자전거 탈 수 있을 정도로."

미루는 아까보다 더 열심히 해루를 가르칩니다. 해루는 이제 비틀거리기는 해도 혼자서 제법 잘 타네요. 아직은 앞으로만 갈 수 있는 정도지만요.

"야, 해루, 잘한다! 혼자서도 잘 한다! 앞으로도 혼자서 잘할 수 있지?"

"어어, 뭐라고? 말 시키지 마, 형."

미루는 비틀거리면서도 슈퍼까지 자전거를 타고 가는 해루를 뿌듯하게 바라보네요. 저도 미루의 어깨에 앉아 그런 해루를 뿌듯하게 바라보았죠. 아아, 자식을 바라보는 부모의 심정이랄까. 정말 훌륭하게 커 주었구나, 해루. 난 정말 기뻐!

그런데 미루는 좀 기운이 없어 보여요. 토요일인 어제도 일하러 가지 않았고요, 밥도 조금밖에 안 먹었어요. 미루야, 힘이 없어 보여. 괜찮은 거야? 전 미루를 바라보았어요. 그런데 갑자기 미루의 얼굴이 일그러지더니 웃음이 터져 나오는 거예요. 미루가 바라보고 있는 곳을 보니까 해루가 이쪽으로 돌아오고 있었어요. 그 모습을 앞에서 보니까 흐흐, 허리는 구부정하지요, 어깨에는 힘이 잔뜩 들어가 있지요, 얼굴은 어찌나 인상을 썼는지 이마에 주름이 다 잡혀 있더라니까요. 그래도 해루야, 파이팅!

평온하고 즐거웠던 주말도 다 지나고 월요일이 되었어요. 해루는 자전거를 배우느라 피곤했는지 코까지 골면서 잘 자지 뭐예요. 이런 잠탱이.

해루는 아침에 눈을 뜨자마자 호수한테 갑니다. 미루가 그 시간까지 집에 있는 게 좀 이상했지만 살다 보니 이런 일도 있구나, 하고 생각하며 저도 해루랑 같이 호수한테 달려갔지요. 자자, 소년들, 학교에 가자고. 발걸음도 가볍게 어서어서 가자고. 전 해루랑 호수의 등을 힘껏 밀어주었어요. 지난번 금요일 아침처럼. 오늘도 역시 햇빛은 반짝반짝, 강물은 졸졸, 돌맹이는 뒹굴뒹굴, 꽃들은 초롱초롱, 창문은 덜컹덜컹, 모두모두 우리에게 인사하네요.

투표일은 2주 후 금요일입니다. 그 동안 열심히 선거운동을 해야 해요. 점심시간마다 다른 교실에 가서 인사도 해야 하고요, 어떤 학교를 만들었으면 좋을지 설문지도 돌려야 하고요, 틈틈이 공연 연습도 새로 하고요. 아, 공부도 물론 해야지요. 미루에게 그람시를 배운 후부터 해루랑 호수는 수업 시간에 더 열심히 듣는 것 같아요. 저요? 저도 물론 해루의 옆에서 같이 공부하다가 창밖도 좀 봤다가 천장에도 붙어 있다가 복도에도 나갔다가 그러지요, 뭐. 공부할 때는 가만히 의자에 앉아 있어야 한다고요? 엥, 전 가만히 있을 수가 없어요!

또 며칠이 지났습니다. 호수는 계속 아침부터 바쁩니다. 오늘은 5학년 반을 도는 날입니다. 같은 학년이라서 아무래도 마음이 좀 편할 것도 같아요. 해루는 깜박 잊고 5교시 숙제를 안 해서 점심시간 내내 숙제를 하고 있습니다. 쯧쯧, 전 턱을 괴고 해루 앞에 앉아서 잔소리를 좀 늘어놓았죠. 선거 때문에 정신이 없었다고 해도 말이야, 5학년이나 되었으니 말이지, 숙제 같은 건 미리미리 좀 하라고. 그렇게 팽팽 놀기만 해서야 중학교에 가서 공부를 잘할 수 있겠니? 해루는 말이야 머리는 좋은데 너무 노력을 안 해. 듣는지 마는지 해루는 바쁘군요. 이봐, 바람이 말을 하면 좀 들으라고!

갑자기 반이 시끌시끌하네요. 엉, 어디서 맛있는 냄새가 솔솔 풍깁니다. 어, 점심밥이라면 아까 다 먹었는데? 애들이 박수치고 난리네요. 어, 유니폼을 입은 형들이 두 명이나 왔어요.

"김강하 군이 쏘는 겁니다. 맛있게 드세요."

우아, 아이들은 햄버거와 콜라와 감자튀김이 세트로 들어 있는 봉투를 하나씩 받습니다.

"피자 돌린 지 얼마 안 됐잖아?"

"그러게. 와, 맛있겠다."

"강하가 회장이 되면 더 큰 것도 쏘는 거 아냐?"

"그러게. 전교생을 다 데리고 갈 순 없지만 우리 반만이라도 패밀리 레스토랑 같은데 데려가지 않을까?"

"우아, 진짜 그럴까?"

"난 고기 뷔페가 더 좋은데."

"돼지새끼, 넌 고기밖에 모르냐?

"난 그냥 뷔페 가면 좋겠다. 먹고 싶은 거 골라 먹게."

"아무래도 역시 강하가 회장이 되는 게 좋지 않을까?"

어어, 아이들이······! 아니, 몸에도 좋지 않은 햄버거와 피자에 그렇게 쉽게 넘어가도 되는 거야? 해루는 자기 앞에 놓인 햄버거 봉투를 얼굴을 찡그리고 바라봅니다. 해루도 먹고 싶은 거겠죠? 평소에 먹기 힘든 음식이니까요. 침이 꿀꺽 넘어가는 소리가 들립니다. 하지만 해루는 바라만 볼 뿐 손도 대지 않습니다. 햄버거야 먹고 싶지만 그건 호수에 대한 배신이니까요.

"어이, 짱개. 햄버거 처음 보냐?"

어느 새 강하가 해루 앞에 와서 싱글싱글 웃고 있습니다. 시비를 거는 게 틀림없어요. 이런 나쁜 놈! 해루가 지금 어떤 기분일지 잘 알면서 일부러 그러는 게 틀림없어요. 괜히 해루를 물고 늘어지는 거지요. 정말 예뻐하려 해도 예뻐할 수가 없다니까요, 이놈은.

"왜, 자장면이 아니라서 실망이냐?"

"······.

"짬뽕으로 바꿔 줄까?"

으아악, 해루! 뭐라고 말 좀 해. 전 그대로 강하에게 돌진하려고 했는데 책상이 절 잡고 놓지 않았어요. 놔, 이거 놓으라고! 해루에게 갈 거야.

"하루 아침에 벙어리가 됐냐?"

"……"

"아주, 벙어리에 귀머거리 흉내까지? 하긴 너희 집 원래 병신 집안이지?"

해루가 고개를 들더니 강하를 노려봅니다. 전 붙잡는 책상을 뿌리치고 해루에게 날아왔어요. 해루야, 기죽으면 안 돼! 저런 놈한테 지면 안 된다고!

"니희 아빠 팔 병신이지? 알고 보니 우리 아빠 공상에서 일했던데. 어쩐지 구리다 했어. 돈 좀 뜯어내서 이젠 살만하냐? 근데 왜 아직도 그렇게 구질구질하냐?"

"김강하, 닥쳐!"

순간 전 해루가 터져 버리는 줄 알았어요. 폭발하듯 강하에게 달려들어 순식간에 싸움이 붙었거든요. 겁이 많고 마음이 여린 해루였지만 그냥 참을 수만은 없었던 거지요.

"짱개, 좋겠다. 병신 아버지에 꼴통 형까지 두어서."

"닥쳐, 김강하! 한 번만 더 지껄여 봐."

"어이구, 무서워라. 근데 어째, 이젠 네 형도 없고."

"뭐야? 이 자식, 우리 형이 뭐?"

"집에 가 보면 알아. 짱개 새끼야. 네 잘난 형이 어떻게 됐는지. 콩밥 좀 먹을걸?"

해루는 수업 시간에 앉아 있어도 통 집중을 못 하는 눈치입니다. 결국 숙제를 못 해서 교실 뒤에 한 시간 내내 서 있어야 했는데 초조하게 시계만 보고 있습니다. 전 그런 해루가 걱정이 되긴 했지만 일단 집에 가 보기로 했어요. 미루가 정말 감방에 가게 되는 걸까요? 그럼 범죄자가 되는 건가요? 그렇게 착하고 멋진 미루가요? 엄마는 알고 있을까요? 시간이 어찌나 느리게 가는지 전속력으로 날아가는데도 1분이 1년 같습니다. 집은 텅 비어 있어요. 주전자에게 물어보았지만 미루는 아침에 나가서 아직 돌아오지 않았다는군요. 전 다시 학교로 돌아올 수밖에 없었답니다.

"해루야, 괜찮아. 강하 자식이 괜히 해 본 소리일 거야."

아이들에게 아까 있었던 얘기를 들었는지 쉬는 시간에 호수가 와서 해루를 위로합니다. 하지만 해루는 뜨거운 돌이라도 하나 목에 걸려 있는 듯 겨우겨우 울음을 참고 있을 뿐입니다.

수업이 끝나고 아이들이 집으로 돌아갑니다. 어디 얘기 좀 들어 볼까요? 후보 연설을 했을 때만 해도 호수를 찍겠다는 애들이 많았는데 요 며칠 사이에 강하의 인기가 부쩍 높아진 것 같거든요. 강하가 거의 전교생들에게 햄버거를 돌렸나 봐요. 그렇다고 먹을 거에 홀라당 넘어갈 아이들이 아니라는 걸 알지만 왠지 불안해지기 시작하네요. 어쨌든 방심은 금물이니까요.

"그나저나 호수는 뭐 없나?"

"야, 호수네 가난하잖아."

"그래도 강하뿐만이 아니라 다른 애들도 먹을 거 돌리는걸."

"그건 그래. 강하는 체육관도 새로 지어 준다고 했고."

"진짜 강하 자식이 회장이 돼도 좋은 거야?"

"사실, 누가 되든 상관이 있냐? 학교가 뭐 그리 크게 바뀌겠어?"

"그것도 그래. 하지만 난 호수 찍으려고 했는데."

"너 강하가 준 햄버거 먹었어?"

"으응."

"호수 찍는다며? 그럼 먹지 말아야지."

"그게 무슨 상관이야. 먹는 건 먹는 거지."

휴, 아직 크게 걱정할 정도는 아닌 것 같지만 마음이 싱숭생숭하네요. 해루한테나 가 봐야겠어요. 해루는 호수랑 같이 있네요. 주변에 친구들도 있습니다. 호수를 도와 주려고 모인 친구들이에요. 뭔가 심각하네요. 생각보다 강하가 만만하지는 않나 봅니다.

"야, 우리도 뭔가 돌려야 하는 거 아냐?"

"뭘? 돈도 없는데."

"그렇다고 내일은 강하 그 자식이 케이크를 돌린다고 했대."

"뭐?"

"그것도 백화점에서 파는 걸로."

아이들은 여전히 한 마디씩 하지만 별다른 방법이 있는 건 아닙니다. 호수도 속이 편할 리가 없지요.

"어이, 정호수, 잘 부탁한다."

갑자기 복도에서 강하의 목소리가 들립니다. 아이들은 약속이라도 한 듯 벌떡 일어나 문 쪽을 노려봅니다. 호수와 강하의 눈이 마주칩니다. 호수는 눈 한 번 깜박거리지 않고 강하를 바라봅니다. 눈을 먼저 피한 건 강하입니다.

"뭐야, 그렇게 노려보면 어쩔 건데. 하기는 깡패에게 뭘 바라겠냐."

"좋은 말 할 때 그만 가라."

"그래 봤자, 어차피 선거에서 지는 건 너야. 애들이 찍을 사람은

나라고. 잘난 척해 봐야 넌 어차피 삼류밖에 안 돼. 넘버 스리. 알
겠냐?"

　넘버 스리? 어이구, 저걸 그냥. 어디서 우리 호수한테 케케묵은
옛날 영화를 갖다 대고 그래. 넘버 스리는 저도 재미있게 본 영화
이긴 하지만, 한석규랑 송강호랑 진짜 웃기긴 했지요. 배, 배신이
야, 배신! 지금 생각해도 너무 웃겨, 가 아니지. 호수야, 저놈 한
대 콱 쥐어박아 줄까? 호수를 바라보다가 저도 모르게 펄쩍 뛰어
올랐답니다. 호수의 눈에서 불꽃이 튀고 있었거든요. 끝까지 부딪
혀 보겠다고, 이대로 물러서지 않겠다고. 성난 황소처럼 호수가
이글이글 타오르고 있습니다. 정말이지 부글부글 끓어오르는 호
수입니다.

② 혼자가 아니야

해루는 오늘 혼자 집으로 돌아옵니다. 호수는 아이들과 남아서 앞으로의 일에 대해 의논하기로 했지요. 해루는 아무래도 미루의 일이 너무 걱정되어서 학교에 남아 있을 수가 없습니다. 응원하는 차원에서 호수의 머리를 한 바퀴 돌아 주고 전 해루를 따라오고 있습니다. 해루의 손을 꼭 잡고서요. 해루가 손을 쥐었다 폈다 하는군요. 해루야, 그래도 난 네 손을 놓지 않을 거야.

해루는 마음이 무겁습니다. 호수에게는 해루 말고도 나서서 도와 주는 친구들이 있지만 해루는 혼자잖아요. 아, 제가 있기는 있죠. 그래도 저 말고 해루랑 미루를 도와줄 수 있는 친구들이 더 많았으면 좋겠어요.

집까지 다 오기는 왔는데요, 누군가 집 앞에서 서성거리네요. 해루의 발이 저절로 멈춥니다. 집이라고 해야 훔쳐 갈 것도 없지만, 전기도 수도도 몰래 연결해서 쓰고 있어 누가 조사라도 나온 거라면 지금 집에 들어갈 수 없거든요. 여기서 쫓겨나면 해루네 가족은 더 이상 갈 데가 없습니다. 어쩌면 빈집만 골라 불을 낸다는 방화범일지도 모릅니다.

요즘 들어 동네에 이유를 알 수 없는 불이 자주 납니다. 철거반일지도 모르겠어요. 밤이 되길 기다려 빈집만 골라 불을 지르는 것 같다고 엄마랑 미루가 하는 소리를 들은 게 한 달 전이었어요. 강 너머에 있는 땅 주인들이 이 동네를 철거하기 위해 곧 철거반을 대규모로 투입한다는 둥, 전기를 합선시켜 불을 내는 거라는 둥, 구청에서 수도와 전기를 끊으면 겨울나기가 힘들 거라는 둥, 여러 가지 흉흉한 소문만 무성했지요. 이런 소식을 들으면 아무리 장난이 많고 돌아다니길 좋아하는 저라도 기운이 나지를 않아요. 전 여기 사람들이 좋아요. 다들 여기에서만이라도 마음 놓고 살았으면 좋겠거든요.

 이 동네 사람들의 대부분은 다른 곳에서 살다가 밀려온 사람들입니다. 재개발에 밀리고 자본에 치여 밀리고 밀리다가 겨우 이곳에 정착한 거지요. 모두 가난하지만 가족이 흩어지지 않고 함께 살고 있다는 것만으로도 다행으로 생각합니다. 그래서 어른들은 얼마 전부터 조를 짜서 밤에 순찰도 돌고 회의도 자주 하고 그런답니다. 우리 동네를 지켜야 한다는 마음 하나로 뭉친 거죠.

 해루의 손에 점점 힘이 들어가네요. 하나밖에 없는 우리 집을 지켜야 한다고 생각한 걸까요? 아니면 형을 잡으러 온 사람들이라고 생각한 걸까요? 해루는 필사적으로 걸음을 떼어 보려고 하지만 얼어붙은 듯 꼼짝도 하지 못합니다. 저도 해루의 손을 꼭 잡고 있을 뿐.

 집 앞에 있던 사람들이 이쪽을 바라봅니다. 헉, 저도 모르게 소리를 내어 버렸어요. 이런 바보, 해루도 참고 있는데. 어유, 바보. 바보 바람!

 "너 여기 사니?"

 해루는 고개를 끄덕이지도 젓지도 않고 가만히 서 있기만 합니다. 무서운 목소리는 아닙니다. 여자 목소리입니다. 낮고 부드럽지만 어딘지 힘이 있는 목소리입니다.

"혹시 네가 해루?"

이번엔 남자 목소리. 해루가 다시 긴장하는군요. 이 사람도 나쁜 사람 같지는 않네요. 어떻게 아냐고요? 제가 누굽니까? 많은 사람들을 만나다 보면 목소리만 들어도 대충 알 수 있다고요. 에헴.

"놀라지 않아도 돼. 우리는 미루의 친구들이야. 나는 유림이고 이쪽은 성규."

어쩜, 목소리만큼 이름도 예쁘네요. 전 당장 유림이 좋아졌답니다. 그래서 해루의 손을 살짝 놓고 유림에게 가 보았지요. 좋은 냄새가 나요. 전 조금 장난이 치고 싶어졌어요. 제가 좋아한다는 표시 같은 거죠. 그래서 유림의 머리를 살짝 잡아당겨 보았답니다. 살짝 웃는 모습도 마음에 드네요. 우아, 가슴이 두근거려요.

"미루가 분명히 네가 걱정할 거라고……."

"우리 형은요? 우리 형이 정말 감옥에 가게 된 거예요? 그런 거예요?"

해루는 더 이상 참지 못하고 엉엉 울어 버립니다. 하루 종일 참고 있었던 눈물이 이제야 터진 듯, 봇물이 터진 것처럼 끝도 없이 폭포처럼 흘러내립니다. 유림은 말없이 해루를 안고 가만히 등을

토닥여 줍니다. 미루가 그랬던 것처럼.

"그래, 그냥 울어. 참지 말고 울어. 울고 싶을 땐 우는 거야."

해루는 평생 참아 온 눈물을 한꺼번에 쏟아 내는 듯 울고 또 웁니다. 저렇게 작은 몸 어디에 그렇게 많은 눈물이 숨어 있었던 걸까요. 아무리 울어도 눈물이 멈추지 않습니다. 유림은 해루의 머리를 쓰다듬어 줍니다. 미루가 그랬던 것처럼.

그렇게 얼마가 지났을까요. 해루의 울음도 잦아들 무렵, 그 때까지 옆에서 가만히 있어 준 성규가 짐짓 활기찬 목소리로 말합니다.

"춥다. 배고프지? 우리 자장면 먹으러 가자."

성규는 해루의 한 손을 잡습니다. 유림도 해루의 나머지 한 손을 잡습니다. 세 사람과 전 자장면을 먹으러 씩씩하게 길을 나섰지요. 황금을 찾으러 떠났던 옛날 기사들처럼. 비록 해루의 두 눈은 퉁퉁 붓고 두 볼은 얼얼하게 얼어 있었지만, 그래도 전 해루의 어깨에 앉아서 힘차게 외쳤답니다. 가자, 자장면에게로!

유림과 성규는 대학생이었습니다. 미루와는 운동을 하면서 친구가 되었다고 해요. 무슨 운동이냐고요? 복싱, 테니스, 축구, 야구 같은 운동이 아니고요, 행복한 세상을 만드는 운동이래요. 미루는 정말 좋은 친구들을 두었네요. 해루도 이제 힘이 좀 나겠지요? 물론 자장면이 맛있어서 힘이 나기도 한 것 같지만요. 해루는 자장면쟁이.

"너무 걱정하지 않아도 된다고, 미루가 꼭 전해 주라고 했어. 누나랑 형도 미루를 위해 여러 가지로 알아보고 있어. 도움이 될 사람도 찾고 있고."

"정말요? 하지만 강하 녀석이…… 형 공장 사장이 강하 아빠예요. 걔가 그랬단 말이에요. 형이 감옥에 갈 거라고. 그놈은 우리 아빠 일도 알고 있었어요. 그건 아무한테도 말 안 했는데. 호수한테도 말 안 했는데."

해루는 학교에서 있었던 선거며, 아침 조회 시간에 있었던 일을 띄엄띄엄 설명하기 시작했어요. 물론 호수에 대해서도 얘기했지요. 형한테 그람시에 대해 배운 얘기도 하고요.

"그래, 해루는 멋진 형이랑 멋진 친구를 두었구나. 그러니까 용기를 내도록 해. 우리도 최선을 다해서 미루를 도울 거니까. 해루가 기운 없이 매일 울기만 한다는 걸 알면 미루도 아마 용기가 나지 않을 거야. 그러니까 힘내자! 넌 혼자가 아니야."

유림과 성규가 데려다 준다는 것을 해루는 혼자 집까지 뛰어왔습니다. 혼자 있어도 더 이상 혼자가 아니라는 것을 쿵쿵 뛰는 심장이 말해 주고 있습니다. 어둠 속에서 해루는 힘차게 달립니다. 하얀 숨을 내뿜으며 달립니다. 어쩌면 미루가 지금쯤 돌아와 있을지도 모르니까요. 그래서 해루를 놀라게 하려고 장난친 거라고 활짝 웃으며 어퍼컷, 잽을 날릴지도 모르니까요. 어쩐지 꼭 그럴 것만 같아서 해루는 쉬지 않고 달립니다.

③ 옥중수고

집 앞에 누가 있습니다. 해루의 발걸음이 빨라집니다.

"형!"

 하지만 집 앞에서 해루를 기다리던 사람은 미루가 아니라 호수입니다. 호수는 해루가 걱정이 되어 학교일이 끝나자마자 곧장 왔다고 합니다. 하지만 해루는 힘이 빠집니다. 호수는 해루 손에 무언가를 가만히 쥐어 주고는 내일 보자고 하고서 돌아갑니다. 제가 해루 대신 호수를 배웅해 주었지요. 호수는 걱정이 되는 듯 몇 번이고 뒤돌아보곤 했답니다.

그런데 호수가 주고 간 게 뭘까요? 이런 상황에서도 제 호기심은 사라지지 않으니 어쩜 좋아요? 전 세상에서 궁금한 게 제일 무서워요. 도대체 참지를 못하겠거든요. 모르면 알 때까지 그 주변을 빙빙 돌게 된다고요. 누가 나 좀 말려 줘요. 다행히 해루가 절 살리네요. 호수가 주고 간 비닐 봉투 속에는 단팥빵 2개랑 야쿠르트 1줄이 들어 있습니다. 그건 둘 다 해루가 좋아하는 거지요. 호수는 자기의 1주일 치 용돈을 털어서 해루를 위해 사 온 게 틀림없습니다. 그렇게 좋아하는 단팥빵인데 해루는 하나밖에 먹지 않았습니다. 야쿠르트도 하나만 먹었어요. 단팥빵과 야쿠르트는 미루도 좋아하는 거지요. 형이 오면 주려고 했나 봐요. 미루가 베고 자던 베개 위에 잘 챙겨 둔 걸 보면요.

그날 밤 해루는 밤새 미루를 기다렸지만 결국 미루는 오지 않았어요. 그 다음날도 그 다음날도. 엄마는 깊은 잠을 들지 못하고 문득문득 깨어서는 부엌에 나가 숨을 죽여 우셨어요. 이렇게 추운 날 내 새끼가 밥이나 제대로 먹나, 잠은 어디서 자나 생각만 해도 목이 메었을 거예요. 해루도 엄마 몰래 이불로 입을 틀어막고 울었답니다. 그런 날이 몇 날 며칠이나 계속되었어요. 미루가 있을 땐 웃음을 참느라고 늘 얼굴이 샛노랗던 주전자도 요즘엔 기운이 없는지 누렇게 떴고요, 펄펄 끓던 주전자의 물도 가끔 힘없이 연기만 올릴 뿐이고요, 연탄불도 뜨뜻미지근하고요, 천장은 축 늘어지고요, 방바닥은 퍼져 있고요, 눈가 주름이 자글자글하게 될 정도로 웃던 걸레도 딱딱하게 굳어 있고요, 부엌에서 얼굴 붉히던 싱싱한 당근도 시들어 말라 비틀어졌답니다. 저요? 저도 기운 없기는 마찬가지인걸요. 방 한구석에서 죽은 듯 꼼짝 않고 있으니까요.

오늘은 미루가 돌아오지 않은 지 1주일이 됩니다. 해루는 겨우겨우 학교에 다녔지만 여전히 기운이 하나도 없어요. 학교에서 곧장 집에 돌아와 방 안에만 하루 종일 있어요. 혹시라도 형이 돌아올지 모른다고 생각했거든요. 형이 돌아왔을 때 아무도 없으면 너무 쓸쓸할 거라고, 그래서 자기가 기다려 줘야 한다고, 아직 어두워지지도 않았는데 불을 환하게 켜 놓고 있곤 했지요.

미루가 읽던 그람시 책을 들여다봅니다. 즐겁게 배우던 때가 바로 어제 같은데. 또 해루는 눈물이 글썽글썽하네요. 어, 눈물을 닦던 해루가 책을 들고 신발을 신습니다. 잠깐, 같이 가. 어디 가는 거야? 밖은 춥다고. 전 서둘러 해루를 따라갑니다. 해루는 '옥중수고'라고 쓰인 그람시의 책을 꽉 껴안고 무작정 걷고 있습니다.

해루의 발걸음이 멈춘 곳은 강가입니다. 강둑에 털썩 주저앉아 책을 펼칩니다. 형의 냄새라도 맡는 듯 책에 얼굴을 파묻고 한참을 있습니다. 다시 작은 어깨가 들썩이기 시작합니다. 요즘처럼 제가 무력하게 느껴진 적이 없어요. 해루가 울 때 곁에 있어 주는 것 이외에는 제가 할 수 있는 일이 아무것도 없습니다. 가끔 눈물을 닦아 주기도 하지만 금방 눈물이 퐁퐁 쏟아지거든요. 전 눈을 감고 해루의 어깨를 토닥토닥 해 줍니다. 토닥토닥, 어? 손, 손이 있잖아! 으악, 해루 어깨에 손이 났어!

"해루야, 여기 있었구나."

유림의 목소리군요. 아아, 깜짝이야. 정말 놀랐어요. 다음부터는 꼭 눈을 뜨고 토닥토닥 해 줘야지. 해루는 자기를 부르는 다정한 목소리에 고개를 듭니다. 강아지처럼 까만 눈에 눈물이 그렁그렁해요.

"걱정이 되어서 집에 가 봤더니 아무도 없기에."

유림은 해루 옆에 앉습니다. 전 살짝 눈치를 보다가 유림의 무릎에 앉아 봅니다. 아아, 역시 좋군요. 해루야, 미안. 널 버린 게 아냐.

"미루가 잘못한 게 아냐. 회사 사장이 나빠서 정당하게 저항한 건데 이런저런 죄를 만들어 주동자로 몰아서 억지로 범죄자처럼 만든 거지. 그러니까 조금만 더 참고 기다려 보자. 그런데 그 책은 뭐야?"

"형이 가르쳐 주던 책이에요."

"옥중……? 아, 그람시구나."

"누나도 이 사람 알아요?"

해루는 눈을 동그랗게 뜨고 유림을 봅니다. 분명히 반가워하는 표정이 얼굴에 가득합니다. 유림은 표지에 있는 사람을 묵묵히 보더니 해루를 보고 싱긋 웃습니다.

"근데 정말 닮지 않았니?"

해루는 유림이 하는 말을 금방 알아듣고는 빙그레 웃습니다. 처음부터 그렇게 생각했거든요. 그람시랑 미루랑 참 닮았다고요. 저도 처음 그걸 발견하고는 해루랑 같이 웃었던 기억이 나요.

"그람시는 감옥에서 10년 동안 3000쪽에 이르는 옥중수고를 썼단다."

10년! 가슴이 철렁 내려앉습니다. 설마 미루도 그렇게 오래 감옥에 있어야 하는 건 아니겠지요? 해루의 얼굴도 어두워지네요.

저랑 같은 생각을 한 걸 거예요.

"그람시가 구속되었을 때, 검찰이 이렇게 말했다고 해. '우리는 이 자의 두뇌를 20년 동안 작동하지 못하도록 해야 한다'고 말이야. 그만큼 그람시의 천재적인 두뇌를 두려워했던 거겠지. 그람시는 그래서 20년 형을 언도받고 감옥에 갇혔단다. 그렇지만 감옥에 갇혀 있었어도 그람시의 두뇌는 결코 멈추지 않았어. 참 바보지? 사람을 가둔다고 그 사람의 정신까지 가둘 수 있다고 생각하다니."

해루는 유림의 말을 가만히 듣고 있네요. 제 생각엔 미루도 그람시만큼이나 뛰어난 것 같은데 20년도 넘게 감옥에 있게 되면 어쩌지요? 미루야, 차라리 바보 흉내를 내. 너무 똑똑한 걸 다른 사람들이 모르게 하라고. 전 정말 미루에게 달려가 알려 주고 싶어요.

"매일매일 감옥에서 쓴 글이 바로 이《옥중수고》란다. 가족들에게 보낸 편지는《감옥에서 보낸 편지》로 묶여져 따로 출판되기도 했지. 그런데 왜 그람시가 감옥에 가게 되었는지 알고 있니?"

"행복한 세상을 만들기 위해 노력하다가 감옥에 갔다고 형이 그랬어요."

"맞아. 미루가 그런 것처럼 말이지."

유림은 말을 멈추고 강을 바라봅니다. 무슨 생각을 하는지 진지해 보이네요.

"해루야, 춥지? 누나랑 공부방에 갈까?"

"공부방이요?"

"응. 전에 같이 자장면 먹었던 성규 형 있지? 그 형이랑 같이 이 동네에 공부방을 열려고 준비 중이거든. 네가 첫 번째 학생이 되어 주지 않을래?"

해루는 책을 꼭 껴안고 유림을 따라갑니다. 공부방? 아, 또 궁금해졌어요. 빨리 가서 보고 싶어요. 전 해루의 머리를 살랑살랑 흔들면서 유림을 따라갑니다. 작지만 아담하고 따뜻한 곳이네요. 어, 방에 미루의 사진이 있어요. 해루도 미루의 사진을 보고 놀랍니다. 형이 언제 이런 안경을 쓰고 사진을……. 아, 그람시였군요. 저랑 해루는 쿡쿡 웃습니다. 유림도 그런 해루를 보더니 따라 웃네요.

"해루야, 어서 와."

"안녕하세요?"

"아, 배고파. 우리, 라면 좀 끓여 주라."

"야, 넌 만날 나한테만 시켜."

"성규 표 라면이 제일 맛있는걸. 해루야, 먹고 싶지? 진짜 끝내준다."

해루는 웃으면서 성규를 바라봅니다. 해루의 눈에서 먹고 싶어요, 하는 레이저 광선이 나오는 것 같아요. 성규는 졌다는 듯 웃어버리고 마네요. 어, 광선에 맞았으면 쓰러져야지 웃기는 왜 웃나. 거 참, 이상한 총각일세그려.

4 파시즘

"누나, 그람시에 대해 아는 게 있으면 더 말해 줘요.

해루는 그람시가 완전히 마음에 들었나 봐요. 부엌에서는 라면 물 끓는 소리가 들리고요, 벽엔 그람시 사진이 있고요, 책상이 두 개, 의자가 여덟 개, 난로가 하나, 화분이 세 개. 음, 어디 보자, 아이비랑, 테이블 야자랑, 산세베리아로군. 식물은 저의 좋은 친구거든요. 식물 옆에 있으면 저도 마음이 초록으로 물들어서 어느새 편해진답니다.

"해루는 그람시가 좋아?"

"네. 어딘지 자꾸 형이 생각나서요."

"그래. 그럼 어디 얘기해 볼까? 그람시가 어느 나라 사람인 줄 아니?"

"이탈리아 남부요. 이탈리아는 축구랑 피자로 유명하고, 장화처럼 길게 생긴 나라예요."

해루는 형한테 배운 걸 자랑스럽게 얘기하네요. 역시 사람은 배워야 한다니까.

"우아, 잘 아네. 그람시는 1891년에 태어나 1937년에 죽었는데, 1922년부터 이탈리아에서는 파시즘이 시작되었단다."

"파……?"

"파시즘."

"그게 뭐예요?"

"파쇼 사상이라는 것인데 19세기 이탈리아에 존재했던 정치결사 집단에서 유래한 말이지. 정치적으로는 결속과 단결의 의미로 쓰이고. 1922년부터 무솔리니 정권 하에서 강력하게 사용되었단다."

"음, 무솔……?"

"무솔리니. 그람시가 살았던 때에 이탈리아의 정권을 잡았던 사람이야. 히틀러는 알지?"

"네. 독일의 독재자였잖아요. 많은 사람들을 죽였고요."

"그래. 무솔리니는 바로 그 히틀러와 손을 잡은 또 다른 독재자였단다."

"그럼 나쁜 놈이잖아요."

"처음엔 탁월한 웅변가였고 앞날이 밝은 지식인이었대. 그람시가 있었던 이탈리아 사회당 기관지의 편집인을 지내기도 했고 말이야. 그런데 사회주의를 그만두면서 파시스트당을 만들었지. 국가에 대한 절대적인 충성을 주장하고, 국가는 반드시 지도자를 필요로 한다고 사람들을 설득하기 시작했지. 그래서 자신의 권력 유지를 위해서 희생양을 만들었는데, 그 대표적인 희생자가 바로 공산주의자랑 유대인이었어."

"그럼 그람시는요?"

"그람시는 공산주의자였으니까 희생양이 될 수밖에 없었지. 이탈리아 공산당을 처음 만든 사람이 그람시였거든. 그래서 그람시를 체포해서 감옥에 가두었단다."

이야기가 점점 어려워지는 것 같아요. 전 산세베리아 옆에서 두 사람의 대화를 듣고 있답니다. 산세베리아는 공기를 맑게 해 주거

든요. 산세베리아가 제게 팔베개를 해 주었어요. 머리가 좀 맑아
진 것 같아요.

"그 때는 1차 세계 대전이 막 끝난 직후였는데 이탈리아는 여러
가지로 어려웠단다. 산업도 그리 발전하지 못했고, 전쟁에서 이기
긴 했지만 엄청난 피해를 입어서 국민들의 불만이 폭발 직전이었
거든. 그래서 많은 사람들이 자연스럽게 사회주의사상에 관심을
갖게 되었고 이탈리아 사회당의 사람 수가 엄청나게 많이 늘었대.
그러다 보니 공장 주인들이 불안해지기 시작한 거지."

"왜요? 공장 주인들은 사회주의를 싫어했나요? 근데 사회주의
가 뭐예요?"

공산주의, 사회주의, 민주주의, 자본주의……. 으악, 미루도 무
슨 주의 얘기를 많이 했는데 유림도 그러네요. 전 그저 장난주의,
말썽주의, 수다주의라고 했었는데. 아무래도 몇 개 더 붙여야 할
까 봐요. 해루가 좋으니까 해루주의, 미루도 좋으니까 미루주의,
호수도 좋으니까 호수주의, 유림도 좋으니까 유림주의……. 어,
그럼 식물을 좋아하면 식물주의? 헤헤, 이거 이름붙이는 거 은근
히 재미있네요. 이러다 중독이 되겠어요. 나는야 중독주의?

"사회주의는……."

"자자, 여기까지. 금강산도 식후경이라고. 그람시도 라면 후라고. 특제라면 대령이요."

역시 먹는 게 최고라고요. 해루는 언제 그람시에 대해 이야기했냐는 듯 눈을 빛내면서 후루룩 라면을 먹기 시작했어요. 제가 보기에도 정말 맛있어 보이는 라면이었거든요. 파 송송 계란 탁? 어디서 많이 듣던 말인데? 하여튼 라면엔 떡이랑 만두도 들어가 있어서 진짜 푸짐했어요. 좋아하는 사람들이랑 같이 먹는 건 뭐라도 다 맛있지만 말이에요.

"설거지는 내가 할 테니까 이번엔 성규가 잘 설명해 봐."

"으악, 어려운 거 나오니까 또 나한테 넘기는 거지?"

"무슨 소리. 성규 표 설명이 끝내 주게 쉽고 재미있으니까 그렇지. 해루야, 듣고 싶지?"

해루는 웃으면서 성규를 바라봅니다. 해루의 눈에서 듣고 싶어요, 하는 레이저 광선이 아까보다 훨씬 강력하게 나오는 것 같아요. 성규는 졌다는 듯 또 웃어 버리고 마네요. 어, 두 번씩이나 광선에 맞았으면 바닥을 파고 들어가야지, 웃기는 왜 웃나? 거 참, 진짜 이상한 총각일세그려.

"사회주의는 가진 자나 못 가진 자나 평등하게 살려고 하는 생각

이라고 할까. 그러다 보니 공장 주인과 공장에서 일하는 사람들이 싸우게 되겠지?"

"미루 형이 싸운 것처럼 말이에요?"

"그래."

"난 유림이나 미루처럼 그람시에 대해 잘은 모르지만, 서당개 삼 년이면 풍월을 읊는다고, 친구를 잘 둔 덕분에 그람시에 대해서도 어느 정도는 알게 되었지. 해루네 학교처럼 이탈리아에서도 선거를 했는데 사회주의가 이겼단다. 그 이후에 사회주의를 지지하는 노동자들이 총파업을 일으키고 공장을 점거했지."

"총파업? 점거?"

"총파업은 일을 안 하는 거고, 점거는 공장을 차지한 것을 말하는 거야."

"그럼 공장은 노동자들 것이 된 건가요? 그들이 빼앗은 거예요?"

"그건 아니야. 공장은 여전히 공장 주인의 것이었지."

"그래서요?"

"위기감을 느낀 공장 주인들과 기업인들이 공장을 폐쇄시켜 버렸단다. 공장 문을 닫은 거지. 바로 이 때를 노려 공장의 주인들과 기업인들이 손을 잡고 사회주의에 총반격을 가한 세력이 바로 무솔리니를 우두머리로 한 파시즘 세력이야. 이들은 사람들에게 테러와 방화를 하고, 사회주의를 지지하는 단체들을 공격했지."

"폭력은 나쁜 거잖아요?"

"그래. 그런데 국가의 이름으로 함부로 폭력이 쓰인 거지. 무솔리니는 이런 말을 남겼어. '국가 안에 모두가 있고 국가 밖에는 아무도 존재하지 않으며, 국가에 반대하는 그 누구도 존재하지 않는 것이다.'"

"그래서 무솔리니가 그람시를 잡아 둔 건가요?"

성규는 고개를 끄덕였어요. 어느 새 유림도 해루 옆에 와서 가만히 해루를 바라보았지요. 과연 이 어려운 것을 해루가 얼마만큼 이해했는지. 하긴 모든 걸 한꺼번에 다 알 필요는 없는지도 모르지요. 한 번에 하나씩, 꾸준히 배워 나가는 게 더 중요할지도요.

"형이 그랬어요. 행복한 세상은 모두가 평등한 세상이라고. 아무도 억압받지 않고 노력하면 누구나 행복하게 살 수 있는 세상이라고. 사람은 누구나 행복하게 살기 위해 태어난 거라고요."

해루의 눈에서 또 눈물방울이 솟아오르네요. 정말이지 지금은 울고 싶은 때인가 봐요. 울고 싶을 땐 울게 내버려 두는 게 좋겠지요? 언젠가 틀림없이 눈물을 닦고 활짝 웃을 날이 올 테니까요.

그러니까 지금은 맘껏 울도록 해, 해루야.

"우리 형, 곧 볼 수 있죠? 그렇죠?"

"그럼. 언제든 형이 보고 싶을 땐 여기로 오렴. 누나랑 그람시 얘기도 하고. 미루에게 편지도 쓰자. 파시스트들이 그람시를 가두었어도 그람시의 정신을 가두지는 못한 것처럼, 미루의 정신도 결코 가두거나 꺾을 수 있는 게 아니라고 믿어."

유림의 말에 해루는 다시 용기가 나나 봅니다. 힘주어 고개를 끄덕이네요. 성규도 해루의 등을 툭툭 쳐 줍니다. 해루가 눈을 깜박이며 웃습니다. 전 해루의 눈물을 살짝 닦아 주었지요. 그래도 지금은 울고 싶은 때. 웃고 있어도 눈물은 여전히 방울방울.

파시즘

이탈리아에서 파시즘은 1922년부터 1943년까지 무솔리니 정권하에서 존재하였다. 파시즘이란 말은 파쇼의 사상을 말하는데, 파쇼는 19세기 이탈리아에 존재했던 정치결사 집단에서 유래한 말이다. 라틴어 파세스(fasces)는 나무 막대기 묶음에 도끼날이 결합된 것을 말하는데 이것은 고대 로마에서 권위의 상징이었다. 여기에서 나무 막대기는 처벌을, 도끼는 처형을 의미하였다. 또한 이 단어는 정치적으로는 결속과 단결의 의미로 사용되기도 하였다.

무솔리니는 '국가 안에 모두가 있고, 국가 밖에는 아무도 존재하지 않으며, 국가에 반대하는 그 누구도 존재하지 않는 것'이라는 말로 사회주의자로서의 활동을 시작하였고 1920년 코민테른 서기를 지낸 자의 친구이자 부하였다.

무솔리니는 그람시가 참여하기도 한 이탈리아 사회당 기관지의 편집인이기도 하였다. 그는 탁월한 웅변가였고 유망한 지식인이었다. 무솔리니는 그 후 사회주의와 결별하면서 파시스트당을 만들었다. 그는 국가에 대한 절대적인 충성을 주장하고 국가는 반드시 지도자를 필요로 한다고 보았다. 그는 자신의 권력 유지를 위하여 희생양들을 만들었다. 대표적인 희생자는 공산주의자, 유대인들이었다.

1차 세계 대전이 일어났을 당시 이탈리아는 영국, 프랑스, 미국에 비해 발전이 뒤진 국가였다. 자본주의 발전이 늦은 이탈리아는 산업 노동자의 비중이 크지 않았다. 산업 노동자는 우리가 흔히 근로자라고 부르는 사람들을 말한다. 흔히 노동자들이다.

　1차 세계 대전에 참전한 이탈리아는 종전 후 60만 명이 죽고, 100만 명이 부상을 당하였으며, 50만 명이 포로로 잡혔다. 또한 승전국이었음에도 불구하고 전쟁 직후 맺어진 베르사유조약에서 이탈리아가 원했던 식민지 지역을 인정받지도 못하였다. 이에 따라 국민들의 불만은 클 수밖에 없었다.

　정치 · 경제적 상황이 좋지 않게 전개되자 대중들은 자연스럽게 사회주의 사상에 관심을 가지게 되었다. 따라서 당시 이탈리아의 사회당은 당원수가 폭발적으로 급증하였다. 그 후 1919년 치러진 선거에서 사회당은 전 득표의 1/3을 얻었고 156명의 의원이 당선되어 이탈리아의 제1당이 되었다.

　사회주의를 지지하는 세력이 엄청나게 커짐에 따라 위기감을 느끼고 반감을 가진 공장주들, 기업인들은 공장을 폐쇄시키는 조치를 실시하였다. 왜냐하면 당시 선거에서 이긴 이후 사회주의를 지지하는 노동자들이 총파업을 일으키고 공장을 점거하는 일을 전개하였기 때문이다.

　이때 내각은 파업을 무력으로 진압하는 대신에 사회주의 지도자들을 돈으로 매수하거나 타협을 시도하여 노동자들의 저항을 막았다. 이것을 계기로 사회주의에 반대하는 세력들은 총반격을 실시하게 된다. 이때 앞장선 세력이 바로 무솔리니를 우두머리로 하는 파시즘 세력이다. 이들은 대중들에게 테러와 방화를 자행하고 사회주의를 지지하는 단체들을 공격하였다. 1921년에는 파시스트가 10만 명이었지만 1922년에는 30만 명으로 증가하게 된다. 1922년 10월 무솔리니의 군대가 로마로 진군하게 된다. 결국 무솔리니가 정권을 잡게 되면서 무시무시한 파시즘의 정치가 실시된 것이다.

　파시즘은 사회불안과 1차 세계 대전 이후 경제적 불황의 상황 속에서 등장한 정치 질서이다. 파시즘은 인간의 이성을 불신하고 인간의 비합리적이고 충동적이고 감성적인 측면들을 강조한다. 또한 인간 사회에 불평등이 존재하는 것을 당연시하며 엘리트에 의한 통치를 선호한다. 엘리트에 의한 정치는 영웅주의로 나가며 영웅적인 개인이 정치권력을 장악하는 것을 당연시한다. 그리고 파시즘은 폭력, 인종주의, 제국주의, 전쟁을 신념으로 하는 자들의 정치적 원리이다. 무솔리니는 전쟁이 인류 발전의 원동력이며 남자가 전쟁을 하는 것은 여자가 아이를 키우는 것과 같다고 주장하기도 하였다.

감옥에서 보낸 편지

소수가 아주 혁명적이고 고상한 생각을 하는 것보다 다수가 약간의 생각을 고치는 것이
훨씬 더 역사적이고 혁명적인 일이다.

– 그람시 –

드디어 신문이 나왔다. 친구들끼리 의논을 해
서 결정한 선거운동 방법. 근데 이 신문을 어
떻게 나눠 주지? 이번에야말로 우리가 이길
거라고. 미루 형의 말대로 정정당당하게 승부
해 보는 거야! 자, 드디어 치러진 학생회장
선거. 누가 당선된 거야.

① 편지

  사랑하는 우리 해루,

  건강하게 잘 있지? 형 때문에 많이 놀랐지? 하지만 형이 나쁜
짓을 해서 감옥에 온 건 절대 아니라고 해루가 믿어 주었으면 좋
겠다. 형에 대한 얘기를 누구에게도 제대로 듣지 못했지? 그리고
다른 사람한테 듣는 것보다는 해루가 형한테 직접 얘기를 듣고 싶
어할 것 같아서 이렇게 편지를 쓴다.

  형은 감옥에 있지만 감옥에 오기 전보다 더 많은 생각을 하게 되

었어. 왜 우리는 가난할까? 게을러서? 원래 가난해서? 공부를 못해서? 대학에 못 가서? 하지만 우리는 남들에게 나쁜 짓 한 거 없이 정말 열심히 살았잖니. 그래도 마음 놓고 사고 싶은 것을 사거나 먹고 싶은 것을 실컷 먹어 본 적은 없지. 우리 식구가 외식을 해서 먹은 거라고는 너도 나도 자장면이 전부였으니까 말이야. 형은 네 나이 때 탕수육 이상으로 세상에 맛있는 음식이 있을 거라곤 상상조차 못 했어. 그래도 열심히 노력하면 언젠가는 잘 살 수 있을 거라고 믿었어. 내가 어렸을 땐 말이야, 스무 살이 되면 침대도 있고, 연탄불을 갈지 않아도 되는 그런 집에서 살 수 있을 거라고 꿈꾸었거든.

우리가 가난한 건 가난한 부모 밑에서 태어나서일까? 그럼 우리 엄마랑 아빠는 왜 가난할까? 엄마는 어렸을 때 가난해서 초등 학교도 제대로 다니지 못하셨어. 외할아버지가 여자가 무슨 학교냐며 일만 시키셨대. 그래서 엄마는 지금도 글을 못 배운 게 한이 된다고 미루랑 해루만큼은 꼭 공부시키겠다고 이를 악물고 일을 하신 거래. 언젠가 네가 엄마가 일기처럼 쓰는 가계부를 보고 엄마 글씨는 삐뚤빼뚤하고 맞춤법도 틀려서 너무 웃기고 이상하다고 엄마를 놀린 적 있었지? 엄마는 눈이 어두워서 그런다고 그냥 웃으셨지.

 그날 밤이었어. 형이 목이 말라서 잠이 깼는데 엄마가 불도 안 켠 어두운 방 구석에서 무릎을 꿇은 채, 등을 구부리고 바닥에 대고 무언가를 열심히 하고 계신 거야. 그래서 엄마 뭐 해? 하고 다가갔지. 엄마는 화들짝 놀라며 급히 무언가를 감추셨는데, 내가 억지로 그걸 빼앗아 봤거든. 우리가 모두 잠든 시간에 엄마는 공책을 펴 놓고 어린아이처럼 크게, 몇 번이고, 반듯하게 써질 때까지 글씨 연습을 하고 계셨던 거야. 내가 못 배워서, 가난해서, 외할아버지가 여자라고 학교를 못 다니게 해서, 해루 보기가, 글씨가 너무 창피해서, 엄마는 눈물을 꾹꾹 참으며 글씨 연습을 좀 많이 해야 한다고.

 해루야, 엄마 얼굴 본 적 있지? 밭고랑보다 굵은 주름이 엄마를 할머니처럼 보이게 하잖아. 엄마 손 잡아 본 적 있지? 너무 거칠어서 바위를 붙잡고 있는 것 같잖아. 엄마 다리 본 적 있지? 코끼리처럼 퉁퉁 부었는데도 파스 하나 안 붙이고 밤새 끙끙거리잖아. 그런데 엄마 이빨은 본 적 없지? 엄마 이빨은 까맣고 여기저기 금도 가 있다. 아파도 참고, 배고파도 참고, 서러워도 참고, 화가 나도 참고, 기뻐도 슬퍼도 참아서 이빨이 다 망가져 버렸대. 요즘엔 잘 씹지도 못하시는 것 같더라. 네가 엄마 좀 잘 보살펴 드려.

아빠 소식은 듣니? 감옥에 오기 전에 아빠 병원에 면회 갔었어. 하지만 형이 여기 있다는 건 비밀이야. 아빠는 전보다 많이 마르셨더라. 해루야, 생각나니? 너 어릴 때 아빠가 목마 태워 주던 거. 나 어릴 때도 아빠는 자주 목마를 태워 주셨지. 아빠의 목 위에 앉아 있으면 내가 꼭 거인이 된 것처럼 세상이 다 내려다보이고 하나도 겁나는 게 없었어. 그렇게 힘이 세던 우리 아빠가 지금은 훅, 불면 날아갈 것처럼 마르셨어. 자식 보기가 부끄럽다고 잘린 팔한쪽을 끝내 숨기시면서 해루는 공부 잘하고 있냐고 물으셨단다.

우리의 이름을 할아버지가 지어 주신 건 해루도 알고 있지? 나는 아름다울 미, 높을 루 미루. 너는 바다 해, 높을 루 해루. 아빠도 아빠의 아빠도 아빠의 아빠의 아빠도 평생 가난하셨지. 그래도 할아버지는 혼자 글을 배우고 한문도 공부하셔서 우리에게 멋진 이름을 지어 주셨지. 아마 할아버지가 알고 있었던 한자 중에서 가장 멋진 것만 골라서 우리 이름을 지어 주신 걸 거야. 아빠에 의하면, 할아버진 정말 멋진 분이셨대. 어릴 때 못 먹고 감기에 걸린 채로 약도 못 써서 폐를 앓았는데 그것 때문에 일찍 돌아가셨대. 네가 태어나고 곧 돌아가셨으니까 나도 할아버지의 얼굴은 어렴

풋하게만 기억할 뿐이야. 우리의 이름을 할아버지가 지으셨다는 것도 아빠한테서 들은 얘기니까. 결국 할머니 혼자 아빠를 키웠는데, 사실은 아빠 말고도 형제가 4명이 더 있었대. 딸이 하나, 아들이 셋. 그런데 모두 어려서 죽었대. 잘 못 먹어서 병에 걸려도 병원은커녕 약도 제대로 쓸 형편이 못 되었대. 살아 계셨더라면 우리에게는 고모 한 분과 삼촌 세 분이 계시는 건데 말이야.

엄마가 많이 힘드실 거야. 숨어서 우는 일도 많을 거고. 해루도 많이 울지? 넌 엄마를 닮아서 눈물이 많잖니. 엄마도 너도 울지 않았으면 좋겠다. 그러니까 해루가 노래도 불러 드리고, 다리도 주물러 드리고, 공부도 열심히 해서 엄마를 기쁘게 해 드려. 우리 해루는 착하고 용감하니까, 형이 없어도 혼자 자전거 탔던 것처럼 조금만 더 잘할 수 있지? 나중에 형이랑 그람시 다시 공부하자. 피자도 먹고. 미루, 파이팅! 해루, 파이팅! 아자! 아자! 아자!

천 번도 더 보고 싶은 우리 형,

아픈 덴 없어? 날이 되게 추운데 감기는 안 걸렸어? 나는 엄마랑 다 잘 지내고 있어. 엄마는 날마다 형 걱정이야. 밥을 먹다가도 미루는 밥 먹었을까, 나에게 용돈을 주시다가도 미루는 돈 필요하

지 않을까, 밤에 자다가도 미루는 어떻게 잠이나 잘 잘까. 혼잣말
처럼 중얼거리시곤 해.

　형은 용감하고 아는 것도 많아서 끄떡없다고, 편지에도 그렇게
써 있지 않느냐고 했는데도 걱정이 되는 모양이야. 형이 잘못한
게 아니라 공장 사장이 나빠서 정당하게 저항(어려운 단어인데 유
림이 누나가 가르쳐 주었어.)한 건데 이런저런 죄를 만들어서 억지
로 감옥에 보낸 거라고. 다 같이 노력하고 있으니까 금방 집으로
돌아올 거라고 유림이 누나가 얘기해 줬어.

　지금 생각하면 좀 부끄러워. 형이 감옥에 간다는 얘기를 듣고 유
림이 누나 앞에서 막 울어 버렸거든. 참 호수랑 누나도 형한테 편
지 쓴다고 했는데 받았어?

　엄마는 내가 잘 모실 테니까 걱정 마. 내년이면 나도 6학년인걸.
제법 의젓해졌단 말이야. 형, 보고 싶다. 너무너무 보고 싶다. 그
러니까 건강하게 지내고 얼른 집으로 돌아와야 해. 알았지?

　추신 : 말 안 하려다가 하는 건데, 형 화내면 절대 안 돼! 약속!
형이 내 생일 선물로 준 핸드폰 팔았어. 형도 없고 기본요금 내는
거 엄마가 힘들까 봐. 대신 나중에 더 멋진 걸로 사 주면 되잖아.

음, 고등학교 졸업 선물쯤으로. 나 핸드폰 없어도 하나도 안 불편해. 그리고 형 덕분에 호수의 멋진 연설을 들을 수 있었으니까 됐어. 그거 팔아서 엄마 장갑이랑 목도리랑 모자랑 샀다. 따뜻하고 예쁜 걸로. 사실대로 말하니까 엄마가 혼내지 않았어. 그냥 가만히 바라만 보셨어. 일하러 갈 땐 언제나 장갑이랑 목도리랑 모자랑 하고 간다. 우리 두 아들들이 사 준 거라고 하면서. 사실은 밤에 엄마가 그거 껴안고 우는 걸 내가 모른 척하고 잠꼬대까지 하면서 자는 척했어. 엄마는 눈물이 많아 큰일이야. 나는 형 생각 하면서 꾹 참는데.

2 진지전이 필요한 때

해루는 이제 더 이상 울지 않습니다. 대신 미루에게 자주 편지를 써요. 미루랑 같이 지낼 때보다 떨어져 있는 지금, 해루는 미루에게 더 많은 얘기를 하네요. 호수도 미루에게 편지를 썼어요. 미루의 편지는 언제나 해루와 호수에게 큰 힘이 된답니다. 참 이상한 일이죠? 감옥에 갇힌 미루가 그 누구보다 든든하게 두 소년을 도와주고 있으니 말이에요. 몸은 가둘 수 있지만 정신은 가두지 못한다는 유림의 말이 사실인가 봐요. 에, 그렇다면 나도 이렇게 싸돌아다니지 말고 어디다 자신을 가둬 놓아야 할까요? 웩, 그건 싫어요. 하루만 갇혀 있어도 전 제가 누군지 다 잊어버리고 말 거라고요!

"해루야, 드디어 우리 신문이 나왔어!"

문방구에 갔던 호수와 친구들이 복사한 종이를 한 아름 들고 뛰어옵니다. 해루와 나머지 친구들은 강가에서 기다리던 참입니다. 모두 호수를 돕기 위해 모인 친구들입니다. 선거가 이젠 3일밖에 남지 않았기에 아이들이 스스로 모여서 의논을 거듭한 결과 신문을 만들기로 의견을 모았거든요. 전 해루의 무릎에 앉아 있다가 폴짝 날아서는 해루가 들고 오는 신문 주변을 날아다녔습니다. 음, 이 냄새. 향긋한 종이 냄새.

"좋았어. 한번 해 보는 거야."

아이들은 이제 갓 나온 따끈따끈한 신문을 들여다보며 앞으로 어떻게 해야 할지 저마다 한마디씩 합니다. 모두 결의에 찬 얼굴이네요.

"이걸 내일 아침에 교문 앞에서 나눠 주는 게 어떨까?"

"그러기엔 너무 복잡하지. 한꺼번에 몰려드는 애들을 어떻게 다 감당해."

"그럼 역시 반마다 돌리는 게 더 좋겠다."

"그래. 얼굴 도장 한 번이라도 더 찍고."

"우린 유치하게 먹는 게 아니라 그 뭐냐 지……."

"지적인 거."

"맞아. 그거. 바로 그거로 승부하는 거라고."

어떻게 된 거냐고요? 사실 지난 열흘 동안 학교에서 강하의 인기가 점점 높아져서 호수의 멋진 연설은 점점 잊혀지는 형편이지 뭐예요. 생각보다 강하가 선거운동을 잘해서 강하를 지지하는 애들이 호수보다 많아졌거든요. 소문에 의하면, 고등학교처럼 학교 축제도 만들고 연예인도 오게 하겠다는 둥, 뭐 그런 소리도 들리고요. 애들도 강하라면 할 수도 있겠다고 생각하는 분위기예요. 애들이 주체가 되어서 하는 선거인지라 선생님들도 크게 간섭하시진 않고요. 아, 호수 담임 선생님이 호수에게 힘을 주시긴 하지요. 지난번 후보 연설한 날을 금요일로 정했던 건 형평성에 어긋난 일이었다고요. 그래서 다음 선거는 금요일이 아니라 목요일로 당겨서 하기로 했다고 합니다. 선거일이 하루 앞당겨져서 더 촉박해졌지만 그래도 호수는 마음이 든든했어요.

신문을 만들기로 한 것은 미루의 편지를 읽고 나서입니다. 열심히 선거운동을 해도 애들은 점점 강하 쪽으로 기울고, 호수를 도와주던 친구들도 점점 힘이 빠지고, 해루는 미루의 일로 우울해하고. 어유, 전 정말 속이 타서 답답증까지 생겼었다고요. 매일 밤마다 미친 듯 뛰어다니지 않으면 속에서 열불이 나서 견딜 수가 없었거든요. 음, 그때 우리 동네 어르신들은 웬 바람이 이렇게 미친 년 치마 뒤집듯 부냐고 혀를 쯧쯧 차셨죠. 하도 시끄럽게 구니까 평소엔 절 잘 받아 주던 착한 창문들도 비명을 질러 대더군요. 잠 좀 자자, 잠! 넌 잠도 없냐!

그때 호수는 답답하고 분하고 무언가 하고 싶어도 뭘 어떻게 해야 할지 몰랐지요. 그래서 해루가 미루에게 편지 쓰는 걸 보다가 자기도 이런저런 일을 써서 보냈는데 미루에게서 답장이 온 거예요. 사실 호수는 미루가 해결책을 알려 줄 거라고 생각하고 쓴 건 아니었거든요. 그런데 편지를 읽고 나니 눈앞에 안개가 걷히듯 조금씩 길이 보이기 시작한 거죠. 편지 내용이 무엇이냐고요? 들어 보실래요? 호수가 읽을 때 옆에서 저도 눈에 힘 빡 주고 읽었거든요.

그람시는 서구사회에 문제점이 매우 많다고 봤어요. 그런데 어느 나라도 망하거나 하진 않아서 그게 너무 궁금했대요. 그래서 머리를 쥐어뜯으며 고민하고 생각하고 고민하고 생각한 결과 드디어 답을 찾은 거예요! 그 답이 뭐냐고요? 안 가르쳐 주지.

쉽게 답을 알려 주면 재미가 없잖아요. 그람시도 머리를 쥐어뜯으며 고민했는데 여러분도 같이 생각해 봐요. 제가 힌트를 드릴게요. 음, 예전에 미루가 해루랑 호수에게 가르쳐 준 말이에요. 힘과 관련이 있고요. 어, 벌써 알았다고요? 정말? 뭔데? 우아, 맞아요! 어떻게 그렇게 빨리 맞힌 거야? 헤게모니처럼 어려운 말을. 아, 힘에서 힌트를 얻었군요. 그럼 계속해 볼까요? 헤, 이러니까 꼭 제가 미루가 된 것 같네요.

서구사회는 지배자들이 헤게모니를 갖고 있었어요. 그들은 자신들이 생각하는 것을 대중에게 적극적으로 알렸지요. 세계관이라든가 가치관 같은 것을요. 그래서 사람들은 별 저항 없이 그 생각들을 받아들였고, 결과적으로는 그게 자발적 동의가 된 거죠. 생각나죠? 당근! 그래서 큰 문제 없이 통제가 가능하게 되었대요.

그런데 호수가 어떻게 그걸 자신의 문제와 연결했냐고요? 서구사회를 자신의 학교로 바꿔서 생각한 거예요. 지금 헤게모니를 갖고 있는 사람은 강하잖아요. 그래서 그 헤게모니를 자신에게로 옮겨 오게 해야겠다고 결심한 거죠. 그런데 생각한다고 해서 그게

다 이루어지는 건 아니잖아요. 그래서 작전이 필요했죠.

미루도 편지에서 그랬거든요. 새로운 사회로 가기 위해서는 작전이 필요하다고. 에, 기억을 되살리자면, 잠깐만요, 이거 좀 어려운 말이라. 그래도 중요한 말이라서 꼭 생각을 해내야 하는데. 왜 결정적인 단어는 꼭 가물가물한 거지. 아, 거 참 조용히 좀 해 봐요. 옆에서 더 보채니까 생각이 날 듯 말 듯 간질간질 머릿속에서 이들이 행진을……. 어, 이……? 행……? 아, 생각났다. 이행전략! 휴, 바로 그거예요. 이행전략! 새로운 사회로 이행하기 위해서는 전략이 필요하다!

그람시는 쉬운 일은 아니겠지만 새로운 사회로 옮겨 가려면 작전이 필요한데 그걸 이행전략이라고 불렀어요. 그리고 또 머리 싸매고 쥐어뜯으며 고민했죠. 거기까지는 알겠는데 그 다음은? 이행전략을 성공시키기 위해서는? 그러곤 답을 찾았죠! 뭐냐고요? 아, 그게 또 뭐였더라. 생각을 해야 해. 죄송해요, 조금만 기다려보세요. 음, 진지하게 생각을……. 진지? 아, 진지전이 필요하다고 했어요. 그러니까 헤게모니를 옮겨 오기 위해서는 이행전략과 진지전이 필요하다는 결론이 나온 거죠.

호수는 유림을 찾아갔죠. 혼자 힘으로 이행전략과 진지전을 이

해하기에는 어려웠으니까요. 미루도 자세한 건 유림에게 도움을
받으라고 썼거든요. 자, 그럼 그 때의 장면을 되돌아보기로 할까
요? 수리수리 뿅!

❸ 대화

"음, 이행전략과 진지전이라. 미루가 어려운 주제를 주었네."

"이걸 잘 풀어내면 해답이 보일 것도 같아요. 미루 형은 직접적으로 방법은 알려 주지 않고 힌트만 준 거고, 또 답은 스스로 찾아내야 한다고 생각한 것도 같고요."

"미루다운 방법이지."

"그런데 이행전략이랑 진지전이 뭔지 어렴풋하게 알 뿐 솔직히 잘 모르겠어요."

"호수야, 정말 회장이 되고 싶니?"

"네."

"만약 강하가 회장이 된다면 넌 결과에 따르겠니?"

"네."

"네가 회장이 되지 못해도?"

"그야 결과는 결과니까."

"그대로 따라야 한다?"

"네."

"그건 누가 정한 건데?"

"……!"

"네가 정한 거니?"

"아니요."

"그럼?"

"원래 예전부터 정해진 건데요."

"음, 그건 일종의 헤게모니라고 봐도 되겠지?"

"네."

"그럼 지금은 누가 헤게모니를 갖고 있니?"

"분하지만 강하인 것 같아요."

"그럼 어떻게 해야 할까?"

"헤게모니를 제 쪽으로 옮겨야지요!"

"한 곳에서 다른 곳으로 헤게모니를 옮기기 위해 필요한 일종의 작전을 이행전략이라고 하는 거야. 이행전략을 위해 진지전이 필요한 거고."

"진지라는 건 진지해야 한다는 건가요?"

"아니. 그 진지가 아니라 전쟁에서 쓰이는 말인데, 아주 견고하고 중요한 공간을 말하는 거야. 너희가 차지해야 하는 진지가 어디인지 알겠니?"

"학……교?"

"응. 헤게모니를 갖기 위해서는 뭐가 필요하다고 했지?"

"당근과 채찍이니까 동의와 강제. 아, 학교의 헤게모니를 장악하려면 먼저 아이들의 지지와 동의를 얻어야 해요!"

"그렇지. 바로 그거야. 넌 아까 결과에 따른다고 했지? 지금 네겐 헤게모니가 없는 상태지만 그걸 네 쪽으로 옮겨야 하고. 네 쪽으로 헤게모니를 옮길 수 있다면 아마 강하도 결과에 그대로 따르겠지?"

"네."

"억지로 헤게모니를 옮길 순 없으니까 아이들의 지지와 동의를 얻어야겠지?"

"네. 그런데 어떤 방법이 좋을까요?"

"글쎄. 그람시는 진지전에서 특히 지식인의 역할을 강조했단다. 자신들의 이해관계를 대변할 수 있는 지식인을 유기적 지식인이라고 하지."

"유기적 지식인?"

"그들은 사람들과의 결합을 강조하고 그들의 느낌, 이해, 열정에 관심을 갖는단다."

"음."

"그들의 관심을 불러일으키기 위해선 너희의 생각을 알려야겠지?"

"네. 그런데 어떻게?"

"쉽게 생각해. 사람들이 사회에 이런저런 일이 일어나는 걸 어떻게 알지?"

"그야 텔레비전이나 신문. 아, 신문! 어린이 신문을 만들면……!"

"이제야 답을 찾은 것 같구나."

"네, 당장 친구들을 만나야겠어요. 고마워요, 누나."

④ 편지

존경하는 미루 형,

형, 저 호수예요. 건강하게 잘 지내는지요? 해루도 저도 씩씩하게 지내고 있어요. 형이 없으니까 해루는 더 기운을 내려고 노력해요. 저한테나 친구들에게 웃기는 얘기 없냐고 매일매일 물어봐요. 하루에 한 번은 엄마를 웃기는 게 목표예요.

기쁜 소식 하나 얘기해 줄까요? 형, 제가 회장이 되었어요!

형이 편지에서 말해 준 이행전략과 진지전에 대해 유림 누나에게 다시 듣고 어린이 신문을 만들었어요. 해루는 자기가 유기적 지식인의 역할을 맡겠다고 나서서 열심히 기사를 썼어요. 해루가 쓴 글을 읽어 보시라고 우리가 만든 신문을 같이 보내요. 아마 놀랄 거예요.

 지금부터 그 얘기를 들려줄게요. 처음 해루 덕분에(사실은 형이 사 준 핸드폰 덕분이긴 하지만요.) 제가 회장 후보로서 연설을 했을 땐 제 인기가 높아서 남은 기간 동안 열심히 하면 당연히 될 거라고 생각했어요. 어느 정도는 교만해졌던 것도 사실이에요. 그런데 저뿐만이 아니라 강하도 나름대로, 아니 저보다 더 열심히 선거운동을 했어요. 먹을 것을 자주 돌린 건 지금 생각해도 좀 꽤씸하긴 하지만요, 제가 강하 입장이었더라도 그랬을지도 모른다고 생각해요.

 강하와 같은 방법으로 선거에서 이길 수는 없었어요. 그래서 저와 친구들은 형의 편지와 유림 누나와의 대화에서 힌트를 얻어 어린이 신문을 만들었어요. 학교에서 있었던 일이라든가 선생님들의 인터뷰를 재미있게 써서 넣었고요 만화도 그렸어요. 그런데 그게 아이들에게 인기 짱이었어요. 자기 주변에서 일어나는 일이어서 더 재미있었나 봐요. 광고도 넣었어요. 우리 학교 애들이 잘 가는 학교 앞 떡볶이 집이 있는데 아줌마께서 도와주셨어요. 한 친구는 자기 아버지가 하시는 일을 자세히 물어서 직업의 세계라는 기사를 썼어요. 해루는 뭘 썼냐고요? 자긴 동화를 쓰겠다고 하더니 참 엉뚱하게도 바람에 대해 썼어요. 바람이 자기만 쫓아다니는 것 같다나요? 애들은 해루 글이 제일 재미있었대요. 선생님께서도 나중에 해루는 소설가가 되어도 좋겠다고 하셨어요. 바람이 한 소년을 쫓아다니면서 그 소년에 대해 이러쿵저러쿵 얘기하는 건데요, 주인공 이름도 자기 이름을 써서 해루라고 지었어요(형 이름이랑 제 이름도 나와요. 좋은 이름은 이럴 때 써 먹어야 한다나요.).

처음엔 과연 이걸로 될까? 싶었는데 반응이 너무 좋아서 어린이 신문 덕분에 선거에서 제가 당선이 되었어요. 좀 쑥스럽기는 하지만 압도적인 표 차이로요. 저도 놀랐어요. 진짜 제대로 된 학생회장이 되어야겠다고 스스로 다짐했어요. 안 그러면 저를 믿어 준 모든 사람들에게 너무 미안하니까요. 그리고 어린이 신문은 학교 신문으로 발전시켜 계속 만들기로 했어요. 누구라도 자신이 쓴 기사를 신문에 실을 수 있게 만들 생각이에요. 신문 이름도 공모하려고요. 학교 다니는 게 더 즐거워질 것 같아요.

그런데 한 가지 걱정이 있어요. 강하(후보에 같이 나왔던 애예요.)

랑 어떻게 지내야 할지 모르겠어요. 결과에 깨끗하게 따르는 모습을 보고 강하도 제법 멋진 놈이라는 생각이 들어서 친구가 되고 싶다고 생각했어요. 자존심이 워낙 센 놈이라 지금 저한테는 말도 걸지 않지만요. 강하를 따르는 아이들과 제 친구들이 여전히 사이가 좋지 않은 것도 마음에 걸려요. 이래서는 하나가 된 학교를 만들기가 어려울 것도 같고요.

형도 생각할 게 많을 텐데 제가 머리를 더 무겁게 한 건 아닌지 모르겠어요. 안녕히 계세요.

진짜 깊고 멋진 호수,

호수 편지 잘 받았다. 그런 일이 있었구나. 그람시가 살아 있다해도 지금의 너희들만큼 멋지게 해내진 못했을 거야. 멋지다! 축하한다! 호수야, 너라면 분명히 즐겁고 행복하게 다닐 수 있는 학교를 이끌어 갈 학생회장이 될 거라고 생각해. 좋은 추억들이 많이 생겼으면 좋겠다.

강하는 네가 먼저 손을 내미는 게 어떨까? 어제의 적이 오늘의 동지가 될 수도 있는 법이거든. 게다가 강하도 멋진 구석이 있는 친구인 것 같고. 이것을 잊지 말아라. 강하도 너도 같은 열두 살

어린애라는 걸. 집이 부자고, 부모가 아무리 높은 사람이라 해도 강하는 그냥 강하일 뿐이지. 가난하고 보잘것없는 부모를 두었다 해도 호수가 호수인 것처럼.

네가 먼저 손을 내밀고 진심으로 친구가 되려고 노력하면 분명히 강하도 마음을 열걸. 한 번에 안 되면 두 번, 세 번 부딪혀 보렴. 쉽게 얻는 건 쉽게 잃는 법이란다. 네가 정말 강하와 친구가 되고 싶다면 한두 번 실패한다고 해서 그냥 물러서면 안 되겠지? 어쩌면 강하도 너랑 친구가 되고 싶어할지 모르지. 단지 보이는 것만으로 한 사람의 모든 것을 판단하지는 말아라. 호수는 호수처럼 속이 깊은 아이니까 네 방식대로 지혜롭게 다가서 보렴.

한 번에 하나씩, 천천히, 그러나 게으름을 부리지는 말고. 우리 해루를 부탁한다.

이행전략

그람시가 관심을 가진 주요한 정치적 문제는 서구의 사회는 왜 많은 문제점을 가지고 있음에도 불구하고 무너지지 않고 유지되는가였다. 그 답이 바로 헤게모니이다.

서구사회는 지배자들이 시민사회에 영향력을 행사하여 자신들의 세계관, 이데올로기, 가치관을 대중에게 전파하여 대중으로부터 자발적인 동의를 얻어냄으로써 큰 문제 없이 통치를 하였던 것이다. 즉 서구사회가 많은 문제를 가지고 있음에도 불구하고 정치권력을 확보하고 그것을 유지할 수 있었던 것은 시민사회라는 든든한 후원자가 있었기 때문이다. 이러한 서구사회에서는 매우 독특한 정치 전략이 필요하다고 그람시는 보았다.

그람시가 추구한 사회를 실현하기 위해서는 시민사회에 대한 분석과 이해가 무엇보다도 필요하였다. 강력한 시민사회가 버티고 있는 서구사회를 새로운 사회로 나가도록 하기 위해서는 지금까지 없었던 전략이 필요하였다.

그람시는 그 이행전략을 진지전으로 설명한다. 이행이란 말은 현 사회에서 새로운 사회로 옮겨 가는 것을 말한다. 즉 이행전략은 새로운 사회로 나가기 위한 정치적 전략을 의미한다. 전쟁에서 진지는 참호와 요새로 둘러싸인 견고한 공간을 말한다. 진지전이 필요하다는 것은 시민사회에서 대중의 동의 확보가 매우 중요하다는 것을 말해 준다. 동의 확보를 위해서는 이데올로기, 사상, 의식 등에서 그들의 지지와 협력을 얻을 수 있는 작업이 필요하다. 이때 그람시는 지식인의 역할을 강조한다.

그람시는 정치권력을 장악하기 위해서는 자신들의 이해관계를 대변할 수 있는 지식인을 만들어야 한다고 보았다. 이러한 지식인을 유기적 지식인이라고 한다. 유기적 지식인은 대중과의 결합을 강조하고 그들의 이해, 느낌, 열정에 관심을 갖는다. 이들은 단순한 지도자가 아니라 영원한 설득자로서 대중의 실제 생활에 참여하는 것을 중시한다. 또한 그람시는 정당의 역할을 강조한다. 정당은 새로운 국가를 건설하고자 하는 의지를 형성하는 현대의 군주라는 것이다. 현대의 군주 정당은 기존 지배계급이 아닌 새로운 사회를 염원하는 대중들의 열망을 대변한다. 지식인, 정당, 대중이 밀접하게 연결되었을 때 기존 지배계급에 대항할 수 있고 새로운 사회로 나갈 수 있는 길이 열리게 된다.

시민사회와 국가

일반적으로 시민사회는 대중들의 의사, 이해관계, 사상 등이 갈등하고 투쟁하는 다툼의 공간이기도 하고, 대중의 다양한 생각과 이해관계가 조율되고 합의를 보는 협력의 공간이기도 하다. 시민사회 속에 존재하는 대중은 기업가일 수도 있고 노동자일 수도 있고 일반 회사원일 수도 있다. 또한 이들을 대변하는 단체, 조직이 시민사회 속에 존재하기도 한다.

그람시는 시민사회가 교회, 노동조합, 회사, 학교 등으로 구성되어 있다고 보았다. 시민사회는 정치사회와는 다르게 시민들의 협력과 동의를 구하는 중요한 장소이다. 힘과 폭력으로서는 시민들의 자발적이고 스스로 우러나오는 동의를 구할 수 없다.

　현대국가는 과거 노예사회처럼 힘으로만 통치할 수 없는 사회이다. 힘은 한계가 있다. 힘을 행사하면 일시적으로만 시민들이 복종할 따름이지 진정으로 복종하고 동의하는 모습을 보기는 어렵게 된다. 그렇기 때문에 현대사회에서 국가와 정치의 영역은 시민사회에서 어떻게 동의를 확보할 것인가가 가장 중요한 문제가 되는 것이다. 즉 헤게모니의 주요 목표대상이 시민사회가 되는 것이다.

　국가는 동의를 얻기 위해서 교육, 선전, 홍보 등을 동원한다. 자신의 의사를 힘으로만 전달할 때는 진정한 동의를 얻기 힘들다. 국가가 시민사회 속에 지속적으로 여러 가지 장치와 기구를 통해 대중들의 자발적인 동의를 끌어내는 것이 무엇보다 중요한 것이다. 이럴 때 국가는 진정한 윤리적 국가가 된다. 그러면 왜 국가 속에 있는 시민사회가 그렇게 중요한 것일까. 현대사회는 다원화된 사회이고 시민들의 정치의식도 높고 매우 복잡한 조직구조를 가지고 있기 때문이다. 시민사회는 매우 견고한 조직이다. 그러한 견고하고 복잡하며 다양한 시민들이 참여하는 공간을 확보하지 않고서는 국가가 제대로 움직이기 어려운 것이다. 이러한 면에서 국가는 정치사회＋시민사회라고 할 수 있다.

　시민사회는 헤게모니가 행사되는 영역이다. 헤게모니는 동의로 구성되어 있다. 국가와 헤게모니, 시민사회는 매우 밀접한 관련성이 있는 것이다. 따라서 현대사회에서 국가는 헤게모니를 시민사회에 행사하고 동의를 구하는 것이 절대절명의 지상과제가 된다.

　이것이 그람시가 바라는 사회로의 이행문제의 핵심과제이다. 이행이란 말은 옮겨 간다는 것이다. 현재의 사회가 불만족스럽기 때문에 그람시는 현 사회를 극복하여 새로운 사회로 나가고자 염원한 것이고, 이것을 이론적으로 정리한 것이 이행의 전략인 것이다. 현실적으로 국가가 시민들로부터 동의를 확보하게 되면 통치도 수월하고 정치도 부드러울 것이고 국가도 정당성을 얻게 되고 국가의 권력은 안정될 것이다.

5

세상에 단 하나뿐인 꽃

어쨌든 장미는 뿌리를 내렸고, 내년에는 반드시 꽃을 피울 겁니다.
– 그람시 《감옥에서 보낸 편지》 중에서 –

방학이 끝나는 날. 오늘은 학생회장이 된 호수가 정식으로 인사를 하는 날이다. 조회 시간 강당에서 멋지게 연설을 한 호수.
역시 멋진 녀석이야. 아니 그런데 호수 너 연설하다 말고 어디 가는 거야? 강하에게 걸어가는 호수를 보고 강당 안은 술렁거리기 시작하는데…….

① 반짝반짝 빛나는

해루와 호수는 나란히 학교를 향해 걷습니다. 저도 해루의 손을 잡고 학교로 갑니다. 방학이 끝나고 오늘은 6학년이 되어 처음 학교에 가는 날입니다. 아, 학교에 가는 건 정말 좋아요. 친구들도 만날 수 있고 재미있는 일이 잔뜩 있잖아요. 에, 제가 공부를 안 해도 되니까 그런 거라고요? 제가 공부를 안 하긴 왜 안 해요! 안 하기는 하지요. 자자, 공부가 싫다고 생각하지 말고 모르는 걸 배운다고 생각하면 즐겁지 않겠어요? 그런데 오늘은 특별한 날이에요. 개학식을 할 때 호수가 정식으로 인사를 하는 날이거든요.

"오늘따라 왜 싱글벙글거려?"

"응?"

"뭐야, 변태 아저씨 같잖아."

"헤헤헤."

"어어."

호수는 계속 웃기만 합니다. 회장이 된 게 그리 좋을까요? 그런데 꼭 뭔가 숨기는 게 있는 것 같단 말이야. 뭘까? 아아, 또 궁금해졌어요. 호수, 도대체 왜 자꾸 웃는 거야?

"학교까지 뛰어갈까?"

호수는 이렇게 말하고 먼저 뛰기 시작합니다.

"너 반칙이야!"

해루도 질세라 뛰기 시작합니다. 어이구, 아침부터 뛰게 생겼네요. 하지만 제가 질 수는 없죠. 달리기하면 또 저 아니겠어요. 후후, 숨을 쉬고 일단 준비운동. 손목도 돌리고, 발목도 돌리고, 목도 돌리……. 어, 다들 어디 갔지? 이봐, 먼저 가 버리는 건 반칙이라고! 같이 가!

조회 시간입니다. 호수는 아까와 다르게 조금 긴장한 것 같네요.

호수와 해루는 같은 반이 되지 않았습니다. 전 조금 섭섭해요. 하지만 옆 반이니까 제가 조금 부지런하게 왔다 갔다 하면 되지요, 뭐. 그럼 해루네 반엔 누가 있으려나? 헉, 강하! 1미터도 떨어지지 않은 곳에서 강하가 해루를 바라보며 서 있네요. 거기다 웃기까지. 오늘 전국에 웃음 바이러스라도 퍼졌나요? 왜 다들 웃기만 하지요?

"야, 동해루, 같은 반이냐?"

강하가 해루에게 인사를 하네요. 분명히 저번처럼 시비를 걸려고 그러는 걸 거예요. 전 해루 앞에 딱 막아섰지요. 해루는 강하를 바라봅니다. 좋아, 강하에겐 강하게 나가는 거야. 이젠 더 이상 옛날의 울보 해루가 아니라고! 그런데 강하는 더 이상 아무 말을 하지 않네요. 역시 쫀 게 틀림없어. 킥킥.

"안녕하세요. 전교 학생회장 정호수입니다. 잘 부탁드립니다."

와아! 박수 소리가 강당을 가득 채웁니다. 강당은 좋겠어요. 아이들이 이렇게 가득 채워 주니 배가 고프지도 않을 거고 얼마나 뿌듯하겠어요. 해루는 열심히 박수를 칩니다. 저도 호수를 응원해야겠어요. 호수, 호수! 멋쟁이, 휙!

"제가 이 자리에 설 수 있었던 건 여러분 덕분입니다. 저를 믿어 주신 여러분, 제가 처음 그 마음을 잊지 않고 열심히 일할 수 있도록 지켜봐 주십시오. 누구나 즐거운 마음으로 학교에 와서 신나게 공부하고 놀 수 있도록 우리 스스로 만들어 가는 1년이 되었으면 좋겠습니다."

또 박수 소리! 역시 호수는 포인트를 잘 안다니까. 호수는 연설쟁이.

"끝으로 오늘은 제게 아주 특별한 날입니다. 누군가의 친구가 되고 싶은 날이기 때문입니다. 강하야, 나는 네가 좋다! 나랑 친구하자!"

에에, 갑자기 강당 안은 웅성거리기 시작해요. 해루도 강하도 어리둥절한 표정이네요. 호수가 이쪽으로 걸어오네요. 먼저 해루에게 눈을 찡긋. 아침에 계속 웃었던 이유가 이거였군요. 해루가 섭섭해 하면 어떡하지요? 자기에게는 말도 안 했다고. 해루는 고개를 돌려 호수가 강하에게 손을 내미는 걸 바라봅니다. 강하는 아직도 호수의 행동을 이해할 수 없다는 듯 어리둥절해 하는군요. 바보, 악수를 하자는 거잖아. 손 내밀어, 손!

"강하야, 진심이야. 넌 진짜 용기가 뭔지 나한테 보여 주었잖아. 우리 함께 재미있는 학교를 만들자."

"자식, 혼자 멋진 척하기는. 넌 진짜 재수탱이야, 인마."

말은 밉게 하면서도 강하는 웃으며 호수의 손을 잡습니다. 또 한 번 박수 소리가 폭죽처럼 터지네요. 해루도 활짝 웃으며 열심히 박수를 칩니다. 호수도 강하도 해루도 친구들도 선생님들도 강당도 열심히 박수를 칩니다. 우리 모두 밤하늘의 별처럼 반짝반짝 빛나고 있습니다.

② 꽃이 되자

학교 생활도 조금씩 자리를 잡아 가고 있습니다. 강하는 여전히 해루를 동해루라고 놀려 대지만 그래도 예전처럼 싸우는 일은 없어요. 오히려 해루는 강하랑 더 친해진걸요. 여기 사람은 알고 보면 나쁜 사람은 없나 봐요. 가만히 보니까 강하도 꽤 귀여운 구석이 많지 뭐예요. 쑥스럽거나 그러면 일부러 더 무뚝뚝해진다거나 자기가 먼저 말을 잘 걸지 못하거든요. 앞으로는 강하, 너도 내가 예뻐해 줄게. 기다려.

해루는 형에게 자주 편지를 써요. 호수랑 유림도 가끔씩 편지를 쓰더라고요. 해루는 요즘 엄마가 글씨 연습하는 걸 도와 주고 있습니다. 그래서 같이 공부한 저도 이젠 제법 글씨를 읽게 될 줄 알았어요. 헉, 이건 비밀이었는데. 그래요. 저 까막눈 바람이었어요. 그게 제 탓인가요? 왜 그게 어때서. 네? 아무도 뭐라 안 했다고요? 오버하지 말라고요? 그래요. 저 오버쟁이예요! 그게 어때서.

엄마가 글씨 연습할 땐 유림이 도와 주기도 합니다. 해루는 유림의 글씨를 따라 쓰다 보니 점점 예쁜 글씨를 쓰게 되었어요. 향기처럼 좋은 건 번져 나가는 건가 봐요.

눈이 녹고 제 몸도 따뜻하고 부드럽게 풀렸을 무렵, 토요일 오후에 해루의 아버지가 돌아오셨어요. 팔은 하나밖에 없었지만 그래도 해루에게는 소중한 아빠잖아요. 아빠는 하나뿐인 팔로 해루를 꼭 안아 주셨죠. 해루는 양팔로 아빠를 껴안고는 엉엉 울었답니다. 이런, 이젠 울보가 아닌 줄 알았더니 해루는 여전히 눈물이 많네요. 그 동안 숨기고 있었나 봐요. 다음에는 해루가 눈물을 어디다 숨기는지 조사 좀 해 봐야겠어요. 난 탐정놀이가 좋거든요. 나 바람전일이야.

해루는 엄마랑 아빠 사이에 누워서 정말 행복하게 웃으며 잠이

들었답니다. 미루도 있었으면 좋았을 텐데. 하지만 마음으로 연결되어 있으면 떨어진 공간쯤은 아무것도 아닌걸요. 지금 해루는 마음 속에서 틀림없이 미루랑 같이 있을 거예요.

일요일에는 아버지를 위해 동네 사람들이 환영회를 열어 주었어요. 모두가 밥을 해서 다 같이 나눠 먹었지요.

"예전엔 밥을 같이 먹으면 다 식구였어. 아, 가족이 별거고 식구가 뭐 별건가. 따뜻한 밥 한 끼 같이 먹으면 다 한 가족인 거지."

호수 할머니께서 김이 모락모락 오르는 흰 쌀밥을 앞에 두고 가장 나이가 많은 어른으로서 한 말씀 하시네요. 모두 고개를 끄덕여요. 저도 끄덕끄덕. 엉, 난 안 움직였는데. 해루 머리를 잡고 있는데. 아아, 해루가 끄덕끄덕하니까 저도 따라 끄덕끄덕.

"오늘 여기 모인 사람들은 모두가 한 식구여. 어서들 먹어. 밥 힘으로 사는 거야."

웃고 울고 노래하고 춤추고. 오랜만에 동네 사람들은 마음껏 먹고 한판 신나게 놉니다. 오늘만큼은 사는 거 그까짓 것 다 잊어버리자고. 그래야 내일은 또 우리 동네를 지킬 힘을 낼 수 있지 않겠냐고 모두 노래하네요. 동네 개들도 따라 부릅니다. 저도 목청껏 불렀지요. 꽃들이 어깨춤을 추고요, 햇빛은 화음을 넣어 줍니다.

낮게 웅크리고 있던 집들도 오늘만큼은 어깨를 쭉 펴고 있습니다.

　활짝 웃는 사람들은 꽃처럼 붉고, 꽃처럼 향기롭고, 꽃처럼 아름답습니다. 모두가 소중한 사람들이에요. 모두가 가치 있는 사람들이에요. 모두가 행복한 사람들이에요. 미루가 말하던 행복한 세상이란 바로 지금 여기가 아닐까요. 한 사람 한 사람은 세상에 하나뿐인 꽃이에요. 세상에 하나뿐인 별들이 모여 별자리를 이루듯, 세상에 하나뿐인 꽃들이 모여 조화로운 꽃바구니를 이루고 있네요. 꽃바구니 같은 세상, 빛깔도 향기도 이름도 다르지만, 함께 모이면 아름다운 꽃!

새로운 국가

국가는 정치사회와 시민사회로 구성된다. 정치사회는 강제, 힘, 폭력의 영역이고 시민사회는 동의, 자발성, 의지와 이데올로기의 영역이다.

국가가 시민사회를 통해 대중들의 동의를 확보하고 대중들의 일반적 의지를 수용할 수 있을 때 국가는 헤게모니를 획득하게 된다. 헤게모니를 획득한 국가는 정치사회의 폭력, 힘을 억제하게 되고 통치력을 강화할 수 있게 된다. 그러나 국가가 시민사회에서 이러한 것들을 얻지 못하면 위기에 빠지게 된다. 그람시는 이러한 위기를 다음과 같이 표현한다.

"지배계급이 동의를 잃었을 때, 즉 더 이상 지도적이지 못하고 지배적으로 되어 강제라는 순수한 폭력만을 가지고 있을 때 그것은 거대한 대중이 전통적인 이데올로기로부터 떨어져 나왔고 더 이상 그들이 전에 믿었던 것을 믿지 않는다는 것을 의미한다. 위기는 낡은 것이 사라졌는데도 새로운 것은 생겨나지 못한다는 바로 그 사실에 있다."

이렇듯 국가는 동의확보를 위해서 교육적이고 윤리적인 기능을 가져야 한다. 국가가 편협하게 대중의 이익을 고려하지 않고 지배계급만의 이해관계를 고려하면 동의를 확보하기 어렵다.

모든 집단을 통합하는 사회를 염원한 그람시는 정치적 통일은 궁극적으로 합법적이고 성공적인 국가의 사회문화적 통합, 즉 헤게모니의 획득이 필요하다는 믿음을 가지고 있었다.

국가가 헤게모니를 획득하고 동의를 확보하면 강압과 폭력의 영역은 자연스럽게 축소된다. 그러나 국가가 대중적 확장기반을 상실하면 동의의 영역은 협소해지고 정치사회인 폭력의 영역만 남게 된다. 즉 헤게모니 없는 독재가 시행된다. 이것은 새로운 국가와는 거리가 먼 것이다. 그러나 대중적 기반이 확장되면 정치사회는 시민사회에 의해 축소되고 소멸될 수 있다. 즉 강제의 영역이 줄어드는 것이다.

이때 억압받는 피지배계급은 이해관계를 실현시켜줄 수 있는 국가를 원하게 된다. 그들은 자신들의 이해관계를 대변할 수 있는 국가를 만들기 위해 많은 대중들의 동의를 확보하는 일을 중시한다. 만약 그렇게 되면 이들은 새로운 지배계급으로 올라서게 된다. 그들은 새로운 국가 속에서 헤게모니를 중시하면서 대중들이 동의하고 따를 수 있는 세계관, 가치관, 열망, 사고방식 등을 끊임없이 시민사회 속에서 만들어 나간다. 이렇게 해서 폭력, 억압의 포대는 함락되고 새로운 국가 속에서 새로운 세력이 대중의 동의에 기반해 지도력을 획득하게 된다.

에필로그

강을 건너온 바람이 붑니다.

멀리 북쪽 산에서부터 내려온 바람은 강을 따라 남쪽으로 내려오면서 어느새 부드럽게 녹습니다. 가만히 강가에서 바람을 맞으면 보송보송한 솜털이 귓가를 간질이는 것 같습니다. 햇살이 둥글게 소년의 어깨를 감쌉니다.

와!

소년은 힘껏 소리칩니다. 가슴 밑바닥에서부터 뚫고 나오는 소리입니다. 입 밖으로 힘차게 터져 나온 소리는 강을 건너갑니다. 소년은 가슴이 후련해집니다. 힘을 주고 있는 팔다리만큼이나 가슴이 단단해집니다.

소년은 어깨를 펴고 강 앞에 서 있습니다. 얇은 솜옷을 하나 걸치고 있을 뿐이지만 더 이상 춥지 않습니다. 볼이 발그스레합니다. 꼼짝도 않고 강 너머를 바라봅니다.

어둠 속에서 소년은 자신의 손을 펴 봅니다. 손을 뻗습니다. 눈이 부실 정도로 환한 강 너머 불빛은 아무리 잡으려 해도 손바닥 크기만큼만 가려질 뿐 잡히지 않습니다.

소년은 눈을 감습니다. 감은 눈 사이로 바람이 지나갑니다. 바람 소리를 듣습니다. 언젠가부터 소년에게는 바람이 친구입니다. 소년은 자기와 늘 함께 있는 바람을 느낍니다. 소년은 아직 돌아오지 않은 형을 생각합니다. 눈을 뜹니다. 발걸음을 돌립니다. 흐르는 바람처럼 천천히 걷기 시작합니다.

다시 바람이 붑니다. 어디서 개나리가 노란 봉오리를 움트는 소리가 소년의 귀에 들리는 것도 같습니다. 이제 곧 봄이 오려나 봅니다. 소년의 귓가를 스치는 바람이 따뜻합니다.

통합형 논술
활용노트

01 해루와 호수가 사는 곳은 초고층 아파트가 바라다보이는 비닐하우스 촌입니다. 빈부 격차가 갈수록 심해지고 있는 오늘날, 우리가 해야 할 일이 무엇일지 생각해 보세요.

02 해루는 형 미루에게 그람시가 이야기했던 이탈리아의 남부 문제에 대해 배웁니다. 남부 문제가 무엇인지, 그리고 남부 문제를 해결하기 위해 그람시가 내세운 방법은 무엇이었는지 적어 보세요.

03 이탈리아의 남부 문제와 같은 지역 갈등은 오늘날 우리 사회에도 존재하고 있습니다. 어떤 방법으로 이 문제를 해결할 수 있을지 적어 보세요.

04 그람시가 '훈련된 원숭이'라고 표현한 컨베이어시스템의 훈련된
단순노동자의 문제는 무엇인지, 그람시가 말한 포디즘과 관련하여
적어 보세요.

05 그람시는 20세기 초 서구사회를 분석하기위해 헤게모니라는 개념을 도입하였습니다. 미루는 호수의 연설을 듣고 헤게모니란 말을 해루와 호수에게 들려줍니다. 헤게모니란 무엇이며 현명한 통치자는 어떤 모습인지, 헤게모니와 관련하여 적어 보세요.

06 학생회장 선거에서 치열하게 선거운동을 하는 강하와 호수는 각기 다른 전략을 내세웁니다. 막판에 이르러서 강하는 피자와 햄버거 세트를 아이들에게 돌리고, 호수는 신문을 만들어 돌립니다. 여러분이라면 어떤 후보를 지지하겠는지, 그리고 그 이유는 무엇인지 적어 보세요.

07 호수는 '신문'으로 학생들의 동의와 지지를 얻었습니다. 여러분이라면 어떤 전략을 사용하여 학생들의 동의와 지지를 얻을지 생각해 보세요.

통합형 논술 활용노트
문제풀이

01 사진으로 보지 않았다면, 정말 이런 곳이 있다는 것을 믿기 힘들었을 것입니다. 모두가 힘들었던 옛날에는 이웃의 형편이 어떠한지 잘 알았지만, 오늘날에는 일부러 찾지 않는 이상 우리 사회의 어려운 이웃들이 어떻게 살아가고 있는지 알기 어렵습니다. 연말에 신문이나 방송을 통해 어려운 이웃의 소식을 접하고 온정의 손길을 베풀지만, 마치 연례행사처럼 되어서 연중에는 어려운 이웃들에게 관심을 두지 않게 됩니다.

추운 겨울에 보일러 시설을 할 수 없는 비닐하우스에서 전기장판으로 추위를 이기는 사람들도 있습니다. 구호단체에서 나눠주는 차디찬 도시락 하나로 하루를 버티는 사람들도 있습니다. 우리의 관심이 없으면, 아무에게도 알려지지 않은 채 어려움을 겪어야만 하는 사람들입니다. 얼마 전에는 아무도 돌아보지 않는 집에서 혼자 지내다가 개에게 물려 목숨을 잃은 어린아이 소식이 전해져서 온 국민의 마음을 아프게 한 적이 있습니다. 이런 일이 거듭되지 않도록, 우리의 어려운 이웃을 일부러 돌아보고 구제해야 한다고 생각합니다.

02 그람시가 살았던 이탈리아는 남부 지역과 북부 지역이 극심한 차이를 가진 나라였습니다. 남부 지역은 농촌 지역으로 많은 땅을 소유한 지주와 가난한 농민들이 함께 살고 있는 지역이었고, 북부 지역은 선진화된 산업 지대였습니다.

이러한 지역의 차이는 지역 간의 갈등으로 나타났고 이 문제는 이탈리아의 중요한 사회적 문제였습니다. 그람시는 남부에서 태어나 북부에서 정치 활동을 하였습니다. 그는 20세기 최초로 이탈리아의 국가적·민족적인 문제 해결을 위해 북부와 남부, 즉 북부 지역의 노동자와 남부 지역의 농민의 통합과 협력의 중요성을 제기하였습니다. 그는 노동자와 농민이 결속할 때 자신이 추구한 안정되고 바람직한 사회가 올 수 있다고 믿었습니다. 자본주의 사회인 이탈리아가 노동자가 중심이 되는 헤게모니를 장악하고 그 헤게모니를 농민에게 행사하여 지지를 얻을 때 이탈리아 사회가 새로운 사회로 나아갈 수 있다고 본 것입니다.

03 지역 차이와 지역 갈등은 다르다고 생각합니다. 우리나라와 같이 좁은 나라에서도 지역별로 다양한 차이가 나타날 수 있습니다. 규모나 특색 등 모든 면에서 그러한 차이는 응당 존재할 수 있습니다. 그렇기 때문에 우리가 관심을 가져야 할 부분은 차이를 없애는 것이 아니라, 차이가 갈등이 되지 않도록 하는 것입니다.

그러기 위해서는, 다양화란 말을 많이 사용하는데, 지역 차이가 지역 다양화가 되도록 힘써야 합니다. 농촌은 농촌이라서 누릴 수 있는 이익이 있고, 도시는 도시라서 누릴 수 있는 이익이 있다면, 그러한 다양성으로 불평등을 최소화할 수 있다고 생각합니다.

그리고 무엇보다 중요한 것은, 정치인들의 쓸데없는 지역 갈등 조장과 지역 간의 비생산적인 대결에 휩쓸리지 않고, 자기 이익만이 아니라 남의 이익까지도 함께 키워 나가는 눈을 가져야 한다고 생각합니다.

04 컨베이어벨트시스템에서 노동자들은 원으로 돌아가는 컨베이어 벨트 앞에 앉아서 부품을 조립만 하는 단순노동을 하게 됩니다. 즉 고급 숙련노동이 필요 없는 반숙련 혹은 단순노동자가 되는 것입니다. 그리고 기계와 비슷하게 똑같은 행동만 반복하는 노동을 하기 때문에 노동에 대한 관심과 애정을 상실할 수 있고 반복되는 행위로 육체적 · 정신적 피로를 느낄 수 있습니다. 그람시는 이러한 현상을 훈련된 원숭이로 표현하였습니다. 포디즘에 의하여 노동자들은 전보다 많은 임금을 받게 되었고 일자리가 늘어남에 따라 사회에 대한 불만을 과거보다 덜 갖게 되었습니다. 사회 전체적으로 보면 그람시의 표현대로 공장에서 자본가가 헤게모니를 장악하게 된 것입니다. 즉 포디즘을 통해 자본가가 사회 전체에 대한 헤게모니를 행사할 수 있게 된 것입니다.

05 현명한 통치자는 폭력과 강제로는 대중들을 통치할 수 없고 오히려 부작용만 일으킬 것이라는 걸 잘 알고 있는 사람입니다. 또한 강제를 통해 대중들을 복종하도록 만들더라도 그것은 일시적인 것이고 마음속 깊이 진심으로 우러나

오는 복종이 아님을 누구보다도 잘 알고 있을 것입니다.

현명한 통치자는 강제에 의해 어쩔 수 없이 하는 동의가 아니라 마음에서 우러나와 하는 자발적 동의가 중요함을 아는 사람입니다. 강압과 폭력에 의해 어쩔 수 없이 명령을 따르는 것이 아닌 다른 사람의 눈치를 보지 않고 전적으로 자신의 의지에 의해 명령을 따르는 것이 자발적 동의이다.

쉬운 말로 헤게모니는 당근과 채찍에 비유할 수 있습니다. 말을 잘 길들이고 주인의 말에 따라 똑바로 움직이게 하려면 채찍이 필요합니다. 그러나 매일 채찍을 휘두른다면 말은 주인을 거역하기도 하고 심지어는 뒷발로 찰지도 모릅니다. 그렇기 때문에 가끔은 말에게 당근을 주기도 해야 한다는 것입니다. 여기에서 채찍은 강제이고 당근은 동의라고 할 수 있습니다. 말을 잘 길들이려면 때로는 채찍이, 때로는 당근이 필요한 것입니다.

06 나라면 호수를 지지하겠습니다. 초등학교 학생회장 선거에서 어른들 선거를 본뜬 뇌물 공세를 펼쳤다는

데에서 일단 강하가 마음에 들지 않습니다. 그리고 지도자가 갖추어야 할 덕목의 1순위는 '열린 마음'과 '대중의 동의와 지지'이지 결코 '돈'이 아니기 때문입니다. 물론 호수가 신문을 만드는 과정에서 본인에게 유리하게 기사를 작성할 수 있다는 문제도 있습니다. 그렇기 때문에 우리는 언론의 보도 또한 무조건적으로 받아들여서는 안 됩니다. 먼저 우리 스스로가 확실한 의식을 가지고 있어야 거짓과 진실을 구별할 수 있고, 잘된 것과 잘되지 못한 것을 구별할 수 있습니다.

결론적으로, 본문에서 호수가 신문을 장악하여 그릇된 기사를 실었다는 말이 없기 때문에, 나라면 호수를 지지하겠습니다.

07 학생회장은 학교를 위해 가장 많이 봉사하는 자리입니다. 학생들이 바라는 학생회장의 모습은 위에서 군림하는 것이 아니라, 솔선수범하여 학교를 위해 일하는 것입니다. 그렇기 때문에 남들이 하기 싫어하는 일, 하기 어려운 일, 해도 빛이 나지 않는 일을 솔선수범한다면, 학생들은 그 후보자의 자질과 자세

가 학생회장으로서 적합하다고 생각할 것
입니다.

그렇기 때문에 저는 직접 봉사도 하고, 또
혼자만 하는 일이 아니라 다른 학생들도
함께 봉사에 참여하도록 설득하는 전략을
사용하여 학생들의 동의와 지지를 얻을
것입니다.